集客の教科書

第3版

M-In-Dサイクル・マーケティングのすすめ

川村洋次・潮地良明 著
KAWAMURA Yoji　SHIOCHI Yoshiaki

中央経済社

はじめに

集客を取り巻く環境の変化

近年のインターネットの普及にともない，集客を取り巻く環境は激変した。マーケティング・コミュニケーション・メディアの本流であったテレビ，チラシなどのマスメディアが効かなくなってきたのである。そのような中，マスメディアに過度に依存しない，デジタルメディアにもとづくマーケティング・コミュニケーションが成果をあげてきている。マスメディアがインターネットに駆逐されるということは考えられないが，マーケティング・コミュニケーション・メディアの中に果たす役割は相対的に小さくなってきている。

本書の特徴

本書は，インターネットを中心とするデジタルメディアを活用したマーケティング・コミュニケーションを事例として，その成功要因についてモデルをもとに解説を試みたものである。巷には，マーケティング・コミュニケーションの事例を解説する書籍は山のようにある。しかし，マーケティング・コミュニケーションのモデル化を試みた書籍はあまり見られない。

筆者らは，各人の実務と研究を通じ，消費現象やマーケティング・コミュニケーションをモデル化して論じる必要があると感じてきた。そして，実践したマーケティング・コミュニケーションの事例を材料として，その事例をまとめる際にモデル化を試みてきた。本書はそのようなモデル化の成果をまとめたものである。

本書は，マーケティング・コミュニケーション・モデルを提案しているということ，そのモデルを軸として理論と実践を関連付けて論じていることから，非常にユニークな書籍ではないかと自負している。本書をきっかけに消費現象やマーケティング・コミュニケーションのモデル化研究が今後盛んになれば幸いである。

本書のターゲット

本書は，マーケティングの基礎知識を少し勉強し，これからマーケティングを本格的に勉強・実践しようと思っている新人マーケターや大学生を対象に書かれたものであり，純粋な学術書ではなく，どちらかというと実践書である。

本書の構成

川村は第１章～第３章，第７章と第６章の一部，潮地は第４章～第５章と第６章の一部を執筆した。川村はマーケティング情報論の研究者，潮地はマーケティングコンサルティングの実務者であり，内容としては理論と実践をかみ合わせたものになっている。

第１章から第３章は，理論編である。

第１章では，集客環境とは何かを定義し，メディア環境，ニーズ環境および競合環境の現状を踏まえ，それらに対する対応の方向性を示した。

第２章では，集客段階の考え方を提示し，従来のマーケティング・コミュニケーションの基礎となった消費者モデルの変遷をまとめた。そして，第１章で示した対応の方向性を具体化するための M-In-D サイクル・マーケティング・コミュニケーションのモデルを提案した。

第３章では，M-In-D サイクルを構成する願望誘発サイクル，発見喚起サイクルおよび関係継続サイクルによるコミュニケーションを促進する方法について解説した。そして，それらの連動による高度化について考察した。

第４章から第７章は，実践編である。第３章で解説した M-In-D サイクル・マーケティング・コミュニケーションの方法にもとづき，願望誘発サイクルの実践を第４章，発見喚起サイクルの実践を第５章，関係継続サイクルの実践を第６章で解説した。

第４章では，メールマガジンとネットクーポンによるサービス提供事例にもとづき，M-In-D サイクル・マーケティング・コミュニケーションにおける願望誘発サイクルの実践を紹介した。

第５章では，フットケアと衣服試着によるサービス提供事例にもとづき，発見喚起サイクルの実践を紹介した。

第6章では，ロイヤルティプログラムと予約サービス，利用感謝・商品値引クーポンと購買権利クーポンによるサービス提供事例にもとづき，関係継続サイクルの実践を紹介した。

第7章では，M-In-D サイクルの連動の実践を紹介し，M-In-D サイクル・マーケティング・コミュニケーションの効果について解説した。

本書の範囲

本書は，マーケティング・コミュニケーションをモデル化するとともに，その実践について紹介するものであるが，「マーケティング・コミュニケーション」は幅広い概念であり，本書だけで全てをモデル化できるわけではない。したがって，本書が紹介しようとする事例にもとづいて領域をある程度絞り，それらの事例に関連する部分をモデル化した。

本書が紹介するのは小売業における店舗と顧客とのコミュニケーションについてである。したがって，商品開発，マーケティング組織などについては検討範囲外とした。

本書の用語

本書のタイトルが『集客の教科書』であることから，「集客」をイメージできるように，以下のような用語を用いて解説することとした。

店　舗：商品を販売する商店，商店街，企業，提供者などを総称して「店舗」と呼ぶこととした。

商　品：商品そのもの，商品の消費をサポートするサービス全般，を総称して「商品」と呼ぶこととした。

顧　客：消費者，購買者，消費者になる以前の潜在消費者，を総称して「顧客」と呼ぶこととした。ただし，「消費者モデル」については，「顧客モデル」とすると不自然なので「消費者モデル」とした。

サービス：商品を含む広義のサービスではなく，主に広告・プロモーション・販売促進に関わる情報サービス，体験サービス，特典サービスなどを総称して「サービス」と呼ぶこととした。

【謝辞】

本書の編集に際し，京浜急行電鉄株式会社，株式会社ププレひまわり，株式会社リアリット，株式会社コンフォートラボ，富士フイルムイメージングシステムズ株式会社，スターバックス コーヒー ジャパン株式会社，生活協同組合コープさっぽろ，およびウィルマーケティング株式会社には，事例紹介や企業紹介について支援をいただいた。また，中央経済社の納見伸之氏には，構成・表現などについて有益な助言・指摘をいただいた。これらの方々に感謝の意を表する。

2021年１月

奈良のあやめ池にて

川村　洋次

目　次

第3章

M-In-D サイクル・マーケティング・コミュニケーション

Part 2 実践編

Part 1

理 論 編

第1章
集客環境の現状と対応の方向性

第2章
マーケティング・コミュニケーション・モデルの提案

第3章
M-In-D サイクル・マーケティング・コミュニケーション

第1章

集客環境の現状と対応の方向性

本章では，まず，集客環境とは何かを定義する。そして，メディア環境，ニーズ環境および競合環境の現状を踏まえ，それらに対する対応の方向性を示す。

1 集客および集客環境とは

1.1 集客とは

大辞林（松村，2006）によれば，集客は「客を集めること。また，客集め。」と定義されているが，本書が考察する集客は，ただ単に客を集めることではない。

本書では，集客を「顧客に店舗・商品を認知させ，店舗・商品への認識を深めさせて，商品を購買させるマーケティング・コミュニケーションを遂行すること」と具体的に定義する。

このような定義のもと，店舗は(1)～(3)に示す対応をとることを想定し，このようなコミュニケーションを行うことを「集客」と考える。

(1) 店舗・商品との関わりがあまりない顧客への対応

店舗・商品との関わりがあまりない顧客（疎客：顧客がその店舗をごくたまにしか訪れない，顧客がその店舗の商品をごくたまにしか購買しない）への対応で，主にメディアによって顧客にアプローチし，店舗・商品の特徴などを訴求する。

(2) 店舗・商品との関わりがたまにある顧客への対応

店舗・商品との関わりがたまにある顧客（並客：顧客がその店舗をたまに訪れる，顧客がその店舗の商品をたまに購買する）への対応で，主に店舗内にて顧客にアプローチし，顧客のニーズを意識した応対を行い，店舗・商品を推奨する。

図1—1　集客のイメージ

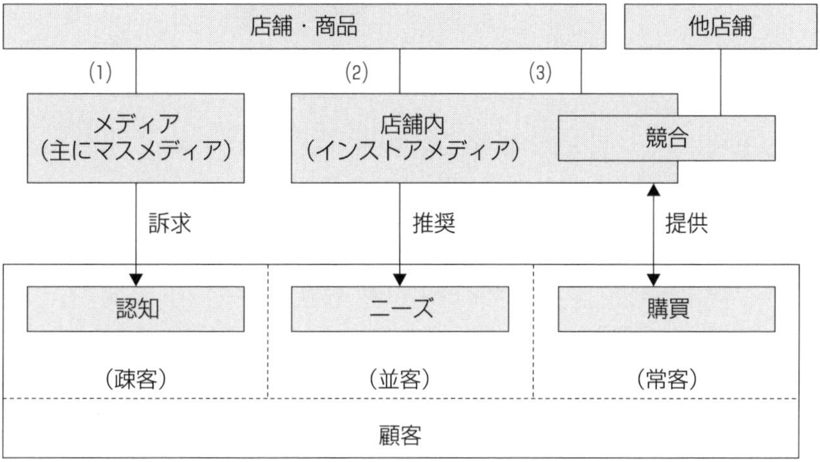

店舗・商品
他店舗
(1)
(2)
(3)
メディア
(主にマスメディア)
店舗内
(インストアメディア)
競合
訴求
推奨
提供
認知
ニーズ
購買
(疎客)
(並客)
(常客)
顧客

(3)　店舗・商品との関わりがかなり深い顧客への対応

店舗・商品との関わりがかなり深い顧客（常客：顧客がその店舗を頻繁に訪れる，顧客がその店舗の商品を頻繁に購買する）への対応で，主に店舗内にて顧客にアプローチし，競合他店舗を意識した応対を行い，商品を提供する。

これらの対応をイメージとしてまとめたものを**図1—1**に示す。

1.2　集客環境とは

図1—1において，疎客への対応に際しては，店舗・商品の特徴などを顧客に訴求するためのメディア環境が大きく関係することとなる。並客への対応に際しては，店舗や商品を推奨する際の顧客のニーズ環境が大きく関係し，常客への対応に際しては，商品の提供・購買を行う際の競合環境が大きく関係することとなる。

第2章以降の解説のために，***2***では，(1)〜(3)に示す環境を集客環境と考え，現状と対応の方向性を整理する。

(1) メディア環境

店舗と顧客とを結ぶメディアにはさまざまなものがある。メディア分類にはさまざまな観点があるが，本書では①～③のメディアを考えることとする。

① マスメディア

店舗から一斉に大量の顧客に情報を伝えるメディアである。プッシュ型メディアとプル型メディアに分かれる。

- プッシュ型メディア（従来型マスメディア）

  店舗から顧客にさまざまな情報を強力に刺激するメディアで，テレビ，ラジオ，新聞，雑誌，チラシなど。

- プル型メディア

  顧客からの何らかの働きかけ（検索，クリック，アドレス登録，入手など）にもとづいて店舗から顧客に情報を提供するメディアで，インターネットホームページ，動画サイト，電子メール，フリーペーパーなど。

② ソーシャルメディア

顧客から情報を発信するメディアである。ブログ，ツイッター，フェイスブック，インスタグラム，ラインなど。近年，ソーシャルメディアもマスメディアの機能を持つようになっている。

③ インストアメディア

店舗と顧客が応答し合うメディアである。リアルメディアとバーチャルメディアに分かれる。

- リアルメディア

  店舗と顧客が実空間で応答し合うメディアで，実店舗，接客など。

- バーチャルメディア

  店舗と顧客が電子空間上で応答し合うメディアで，電子店舗，チャットなど。

(2) ニーズ環境

顧客のニーズにはさまざまなものがある。各々のニーズを独立に論じることはできないが，本書では①～④に示すようなニーズを考えることとする。

①　新規性ニーズ

新しさを求めるニーズである。新製品，新機能，新デザイン，娯楽など。

②　品質ニーズ

高い品質を求めるニーズである。高機能，安全性，安定性，耐久性など。

③　価格ニーズ

安い価格を求めるニーズである。低価格，割引など。

④　タイミングニーズ

時間に関わるものであり，効率性・経済性を求めるニーズである。待ち時間なし，アクセス容易など。また，時間が新規性や品質につながる場合もある。新鮮な商品，旬の商品，期間限定など。

(3)　競合環境

競合する他店舗にはさまざまなものがある。本書では①～②の競合を考えることとする。

①　同業種他店舗競合

同じ商品を取り扱う他店舗との競合である。

②　異業種店舗競合

同じ商品は取り扱わないが，顧客の予算や時間について衝突する店舗との競合である。

2 メディア環境の現状と対応の方向性

2.1 現 状

(1) 従来型マスメディアの注目度低下

従来のマーケティング・コミュニケーションでは，大量の顧客を意識したマスコミュニケーションが主体的に行われてきた。

例えば，

- 新商品の売り出しをテレビ広告や新聞広告により披露する。
- 特売商品をチラシで紹介する。

といったことである。これは，マーケティング・コミュニケーションが，企業が製造した商品を大量に顧客に知らしめるということから始まり，マスメディアを寡占する広告会社がマーケティング・コミュニケーションを主導してきたということによる。

しかし，近年のインターネットの普及をきっかけに，電子メール，ホームページ，動画サイト，ブログ，ツイッター，フェイスブックなどさまざまなメディアが台頭し，従来型マスメディア（テレビ，ラジオ，新聞，雑誌，チラシなど）の注目度は相対的に低下する傾向にある。

(2) 広告コンテンツのリッチ化による高コスト化

従来は，商品に関わるキャンペーンをリッチ化することにより顧客の注意を引く努力を行ってきた。

例えば，

- 広告コンテンツを作り込んで目立つものにする。
- 広告コンテンツのメディア投下量を大きくする。

といったことである。これらの努力は，店舗・商品と顧客との関わりが全くない場合，一定の効果をあげる。

しかし，従来型マスメディアの注目度低下にともない，一定の注目度を確保するために店舗は広告コンテンツをよりリッチ化しないといけない状況になってきた。結果として，顧客の注意を引くためのリッチ化が徐々にコストを押し上げる要因となり，長期的にコストに見合う効果が得られない傾向にある。

(3)　コミュニケーションの偏重

近年のインターネットの普及をきっかけに台頭してきた電子メール，ホームページ，動画サイト，ブログ，ツイッター，フェイスブックなどのメディアは，顧客からのメディア接触（検索，クリック，投稿など）を特徴とするメディアであり，それを活用したマーケティング・コミュニケーションが徐々に試みられるようになってきた（山崎，2005）。

しかし，店舗から顧客への一方向のコミュニケーションに偏重する状況を変えるにはいたっていない。その理由は，従来型マスメディアが店舗から顧客にさまざまな情報を強力に刺激するプッシュ型メディアであるのに対し，インターネットが顧客からの何らかの働きかけ（検索，クリック，投稿など）にもとづくプル型メディアであることによる。店舗と顧客との間の双方向コミュニケーションを意識したマーケティング・コミュニケーションを促進するためには，顧客からの何らかの働きかけを引き出す仕掛けが必要となる。

2.2　対応の方向性

(1)　低コストメディアの活用による特典の充実

本書では，これらの現状を踏まえ，電子メール，ホームページなど低コストのメディアを活用したマーケティング・コミュニケーションを提案する。

そして，メディアにかかっていたコストの差分（＝［高コストメディア］－［低コストメディア］）を，顧客に提供する特典の原資に振り替えることにより，特典を充実させる。

(2) 顧客自らが情報を取りにくる仕掛け

次に，充実させた特典を基盤として，顧客が店舗・商品に関わる情報を入手すると何らかのメリットを感じる仕掛けを具現化する。

それにより，プル型メディアを活用したコミュニケーションを促進する。

3　ニーズ環境の現状と対応の方向性

3.1　現　　状

(1)　価格訴求の効果低下

従来のマーケティング・コミュニケーションでは，顧客の興味を引くための常套手段として価格訴求が行われてきた。

例えば，

- 期間限定２割引
- 業界・地域内最安値

といったことである。これは，短期的に在庫品を販売する場合，目玉商品による顧客誘引の場合，一定の効果をあげる。

しかし，近年の流通革新や電子店舗出現によって，商品単価が低下するとともに商品の価格差が無くなり，価格訴求の効果は低下する傾向にある。また，価格訴求だけに頼ると，競合店舗との過当競争に陥り，赤字覚悟の対応となってしまう。

(2)　品質訴求の困難

従来は，店舗の雰囲気や商品の機能を前面に出し，それを訴求することが行われてきた。

例えば，

- ハイセンスなインテリアによる店舗空間
- 従来の商品に比較して２倍の殺菌力
- より鮮明な液晶画像

といったことである。これは，商品を提案する上で最低限必要なことである。

しかし，近年の技術革新によって，商品自体の品質に差が無くなり，品質訴求に対する顧客の感度は低下する傾向にある。

(3) 顧客個人のニーズに対応した提案力の低下

従来は，商品の売れ筋を把握・設定し，それに関連する商品を提案することが行われてきた。

例えば，

- 今年の流行は茶色系統
- 最近のヒット商品は××

といったことである。

しかし，近年，社会や集団の流行ではなく，顧客個人の生活体験がニーズを左右し好みがパーソナル化する傾向にある。このような中，どのような商品を提案すれば良いかを見極めることは困難となってきており，顧客個人に対応した提案力は相対的に低下していると考えることができる。

3.2 対応の方向性

(1) 体験によるパーソナルニーズ把握と提案

顧客が体験により感動したり納得したりすると，商品に対して積極的に関与するという事例が報告されている（和田，1999；Robinette, Brand & Lenz, 2001；野村総合研究所，2007）。

本書では，顧客のニーズを的確に把握するために，店舗内のコミュニケーションや体験を重視する。マスメディアは視覚や聴覚にもとづくコミュニケーションであるが，五感（視覚，聴覚，触覚，味覚および嗅覚）にもとづく店舗内のコミュニケーションや体験を通じて，顧客のパーソナルニーズを把握し，顧客が自らのニーズに気づく機会を提供する。

そして，把握したパーソナルニーズにもとづき商品を提案する。

(2)　顧客自らが体験にくる仕掛け

次に，魅力的な体験企画や充実させた特典を基盤として，顧客自らが来店し体験すると何らかのメリットを感じる仕掛けを具現化する。

それにより，リアルメディアを活用したコミュニケーションを促進する。

4 競合環境の現状と対応の方向性

4.1 現　　状

(1) 囲い込みの困難

従来のマーケティング・コミュニケーションでは，顧客を囲い込むための常套手段として特典提供が行われてきた。

例えば，

- 買い上げ価格の５％のポイント還元
- 10回飲食すれば500ポイント進呈

といったことである。

しかし，近年このような特典提供はどの店舗でも行われており，競合店舗との差別化が図りにくくなっている。また，結果として顧客の購買単価（＝［購買価格］－［特典コスト］）を引き下げる要因となり，長期的にコストに見合う効果が得られなくなる傾向にある。

(2) 優良顧客への対応の困難

近年顧客（個客）を中心にすえたCRM（Customer Relationship Management：顧客関係管理）が提唱されている。顧客（個客）の特性を把握しそれに対応してゆこうとする活動である（Peppers & Rogers, 1993；1999；村山・三谷，2001；三谷，2003）。

しかし，CRM自体の思想は良いとしても，現実的にどのように対応するかについては，店舗によって異なる。村山・三谷（2001）は「顧客には儲かる顧客と儲からない顧客がいる」とし，優良顧客（儲かる顧客）を見極めることが容易でないことを教訓としてあげている。一般的には，販売促進では優良顧客を抽出し，購買に対する特典を一般顧客に比べて優遇することにより，優良顧客との関係を強くする。

例えば，

- 優良顧客だけへの優遇特典の提供
- 優良顧客だけへの商品の提供

といったことであり，一定の効果をあげる。

しかし，優良顧客に対する優遇を手厚くする分，一般顧客（将来の優良顧客になる可能性のある顧客を含む）に対する優遇が薄くなり，新規の優良顧客があまり増えないといった課題がある。結果として，長期的にコストに見合う効果が得られなくなるとともに，優良顧客の高齢化にともない優良顧客が徐々に先細りする傾向にある。

4.2　対応の方向性

(1)　持続可能な購買習慣プログラムの提案

本書では，店舗が競合店舗との差別化が図れるように，店舗の強みを活かした購買習慣プログラムを提案する。

どのような訴求に対して顧客の感度が高いかをきめ細やかに把握するのを基本としつつ，全くの顧客中心対応とするのではなく，店舗の強みを活かした特典を原資とし，それと顧客のメリット・購買パターンを両立させた持続可能な購買習慣プログラムを提案する。

(2)　購買を習慣にする仕掛け

次に，店舗の強みを活かした特典を基盤として，顧客が店舗で購買し続けると大きなメリットを感じられる仕掛け（プログラム）を具現化する。

例えば，顧客が店舗で購買した場合，まずは達成容易なレベルで特典を提供し，それを続けてゆくと大きな特典を提供するといった購買習慣プログラムである。

それにより，店舗で購買するという習慣を顧客に自然と身につけてもらい，顧客の店舗に対する依存度を高める。

《参考文献》

松村明（2006）『大辞林　第三版』三省堂。
三谷宏治・戦略グループ・CRM グループ（2003）『crm マーケティング戦略』東洋経済新報社。
村山徹・三谷宏治・戦略グループ・CRM グループ（2001）『CRM 顧客はそこにいる』東洋経済新報社。
野村総合研究所消費者マーケティング研究チーム（2007）「テイスティング消費」『大衆化する IT 消費』東洋経済新報社。
Peppers, D. & Rogers, M.（1993）, The One to One Future, Doubleday.（井関利明監訳（1995）『ONE to ONE マーケティング―顧客リレーションシップ戦略―』ダイヤモンド社）。
Peppers, D. & Rogers, M.（1999）, The One to One Manager Real-World Lessons in Customer Relationship Management, Doubleday.（井関利明監訳（2000）『ONE to ONE マネジャー　先駆者たちの実践 CRM 戦略』ダイヤモンド社）。
Robinette, S., Brand, C. & Lenz, V.（2001）, Emotion Marketing, McGraw-Hill.（ニューチャーネットワークス監訳（2002）『エモーションマーケティング　「感情」こそが顧客をつかむ』日本能率協会）。
和田充夫（1999）『関係性マーケティングと演劇消費―熱烈ファンの創造と維持の構図』ダイヤモンド社。
山崎秀夫（2005）『ソーシャル・ネットワーク・マーケティング』ソフトバンクパブリッシング。

第2章

マーケティング・コミュニケーション・モデルの提案

第1章では，メディア環境，ニーズ環境および競合環境の現状を踏まえ，それらに対する対応の方向性を示した。

本章では，まず，集客段階の考え方を提示し，従来のマーケティング・コミュニケーションの基礎となった消費者モデルの変遷をまとめる。そして，第1章で示した方向性を具体化するためのM-In-Dサイクル・マーケティング・コミュニケーションのモデルを提案する。

1 集客段階の考え方

本章では，マーケティング・コミュニケーションのモデル化に際し，第1章の1.1(1)～(3)に示した対応を3段階の集客段階として区分し，以降の解説を行う。**表2－1**に集客段階の区分を整理したものを示す。

(1) 認知段階

疎客を対象に店舗・商品の情報を認知させる段階である。

店舗は，主にテレビ，ラジオ，新聞，インターネットホームページ，電子メールなどのマスメディアを活用して，店舗・商品を訴求する。顧客は，メディアの情報をきっかけに，店舗・商品を認知する。

店舗と顧客の活動を踏まえると訴求・認知段階ということになるが，以降では認知段階と呼ぶこととする。

(2) 変容段階

並客を対象に店舗・商品に対する興味を欲求へと変容させる段階である。

店舗は，主に実店舗，電子店舗などのインストアメディアを活用して，店

表2－1 集客段階の区分

集客段階	認知段階	変容段階	納得段階
店舗の活動	訴　求	推　奨	提　供
顧客の活動	認　知	変　容	納　得
顧客の区分	疎　客	並　客	常　客
来店（購買）頻度	あまりない	時　々	頻　繁
コミュニケーションメディア	主にマスメディア	主にインストアメディア	インストアメディア

舗・商品を推奨する。顧客は，実店舗や電子店舗でのコミュニケーションをきっかけに，商品に対する認識を変容させる。

店舗と顧客の活動を踏まえると推奨・変容段階ということになるが，以降では変容段階と呼ぶこととする。

(3) 納得段階

常客を対象に商品の購買を満足へと納得させる段階である。

店舗は，実店舗，電子店舗などのインストアメディアにおいて商品や特典を提供する。顧客は，商品や特典を受容し，何らかの満足を感じ納得する。

店舗と顧客の活動を踏まえると提供・納得段階ということになるが，以降では納得段階と呼ぶこととする。

2 消費者モデルの変遷

2.1 消費者モデルの誕生

マーケティング・コミュニケーションは，注意，興味，欲求，購買などの段階により構成される心理的行動的モデルにもとづき，それらの段階を生み出すことを目標にして行われてきた。

(1)〜(3)に示すモデルは，1898〜1925年に発表された古いものであるが，顧客行動をわかりやすく理解・説明できるものであり，顧客行動や広告効果を捉えるモデルとして長年活用されてきた。

(1) AIDA モデル

AIDA は，商品に対する顧客の心理を，

① A = Attention（注意）

② I = Interest（興味）

③ D = Desire（欲求）

④ A = Action（購買）

の段階で捉え，A→I→D→A と変化させて顧客に購買させるとしたモデルである。

1898年に Lewis がセールスの経験則にもとづいて提唱し，それをもとに1925年に Strong がセールスにおける顧客心理の段階として紹介した（Strong, 1925）。このモデルは，以降の消費者モデルの原型となった。

(2) AIDMA モデル

AIDMA は，AIDA の D と A の間に M（記憶）を加えたものであり，

① A = Attention（注意）
② I = Interest（興味）
③ D = Desire（欲求）
④ M = Memory（記憶）
⑤ A = Action（購買）

の段階で捉えるとしたモデルである。

1920年代にHallが広告に対する顧客心理のプロセスを示したことから始まり，広告効果モデルとして最もよく知られるものとなった。

(3) AIDCAモデル

AIDCAは，AIDAのDとAの間にC（確信）を加えたものであり，

① A = Attention（注意）
② I = Interest（興味）
③ D = Desire（欲求）
④ C = Conviction（確信）
⑤ A = Action（購買）

の段階で捉えるとしたモデルである。

1925年にStrongがLewisのAIDAモデルを引用し，行動の前にC（確信）があると提案した（Strong, 1925）。

(4) 集客段階と直線モデル

これらのモデルは，マスメディアを主な媒体とする広告の効果を説明・測定するモデルとして長年活用されてきた。集客段階を付してまとめたものを**図2－1**に示す。なお，岸（2000）によれば，広告の効果階層モデルを認知的反応→情動的反応→行動的反応の順序で捉え，コミュニケーションの段階として，注意(A)と興味(I)を認知段階と分類しているが，ここでは，図2－1に示す分類とする。

(1)～(3)に示したAIDA，AIDMAおよびAIDCAのモデルは，最終的に顧客

図2―1 集客段階と直線モデル

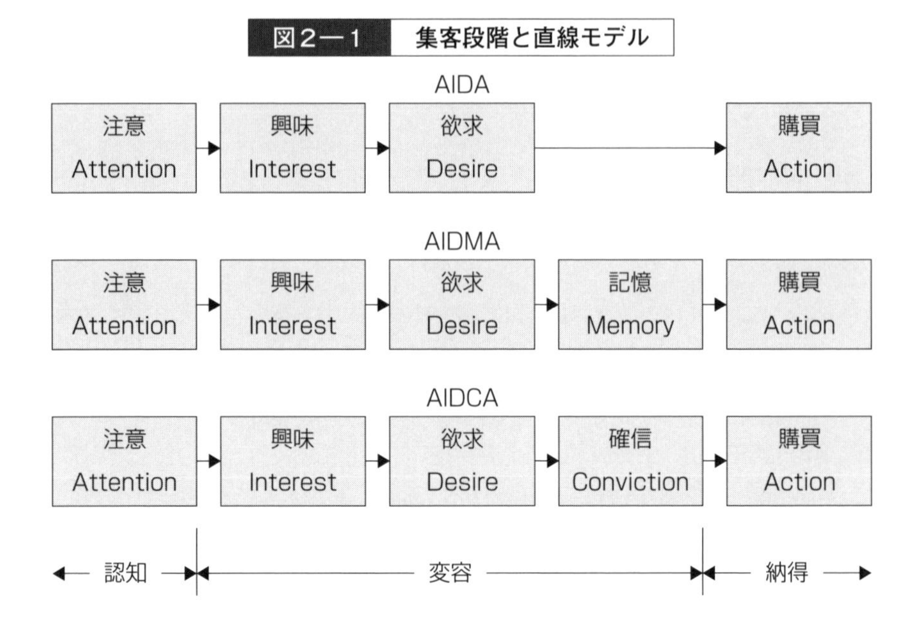

の購買(A)につなげる直線モデルであるといえよう。

2.2 直線モデルから循環モデルへ

近年，インターネットの普及にともない，店舗から顧客への単方向コミュニケーションだけでなく，顧客から店舗に向かうコミュニケーションや顧客同士がやりとりするコミュニケーションが頻繁に行われるようになり，新しい消費者モデルが提唱されるようになった。

(1) AIDAS モデル

AIDASは，AIDAの後にS（満足）を加えたものであり，

① A = Attention（注意）

② I = Interest（興味）

③ D = Desire（欲求）

④　A = Action（購買）

⑤　S = Satisfaction（満足）

の段階で捉え，購買の後に満足することにより，店舗と顧客の関係が継続されるとしたモデルである。

このモデル自体は，1911年にSheldonが発表した古いものであるが（Strong, 1925），購買が最終目標ではなく，購買の後に満足(S)があり，満足が次の購買につながるという循環性を示した点で注目される。

(2)　AISASモデル

AISASは，AIDAのDの代わりにS（検索），A（購買）の後にS（共有）を加えたものであり，

①　A = Attention（注意）

②　I = Interest（興味）

③　S = Search（検索）

④　A = Action（購買）

⑤　S = Share（共有）

の段階で捉えるとしたモデルである。

2004年に秋山・杉山がアクティブ・コンシューマー（自ら情報を検索し発信する消費者）の出現に対応して提案した（秋山・杉山，2004）。

(3)　AIDEESモデル

AIDEESは，AIDAのA（購買）の代わりにE（体験）E（感動・心酔）S（共有）を置き換えたものであり，

①　A = Attention（注意）

②　I = Interest（興味）

③　D = Desire（欲求）

④　E = Experience（体験）

⑤　E = Enthusiasm（感動・心酔）

⑥ S = Share（共有）

の段階で捉えるとしたモデルである。

2006年に片平が提唱し，現代マーケティングで注目されている経験価値の要素をE（体験），商品（ブランド）と顧客との関係性の要素をE（感動・心酔），口コミの要素をS（共有）としてモデル化した（片平，2006）。店舗・商品の情報が共有されることにより欲求が促進され，店舗・商品の体験により注意が促進される，という顧客心理の循環性を示した。

(4) 集客段階と循環モデル

これらに集客段階を付してまとめたものを**図2―2**に示す。

(1)～(3)に示したAIDAS，AISASおよびAIDEESのモデルは，顧客の心理的状態・反応や行動が循環するモデルであるといえよう。

図2―2 集客段階と循環モデル

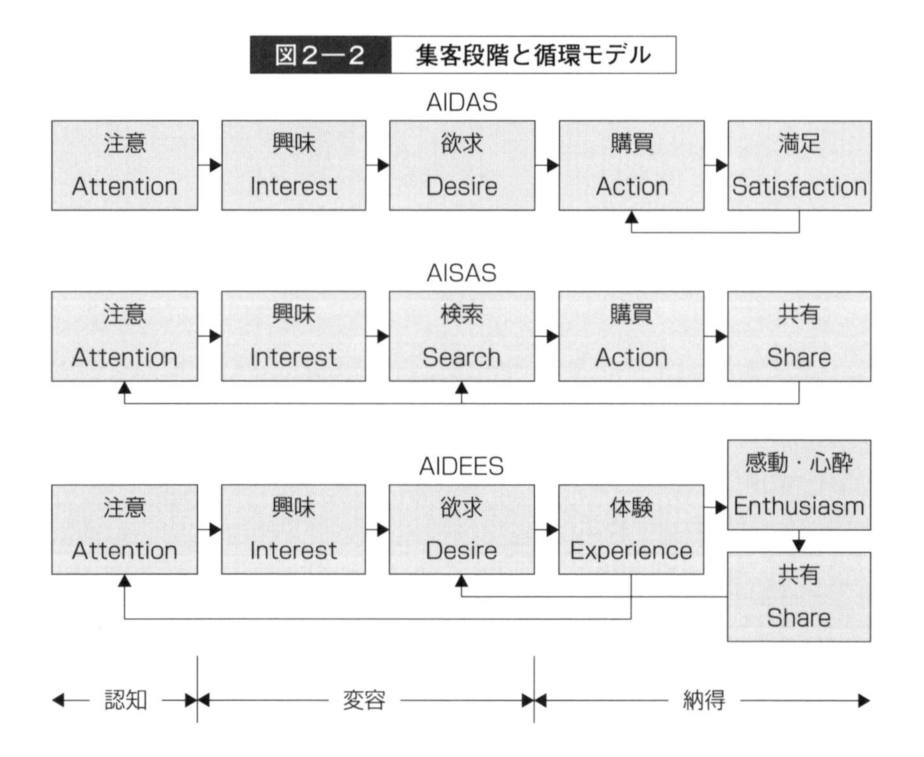

循環には大きく分けると3種類のものがある。

① 納得段階における購買促進の循環

顧客が商品を購買して満足し，また購買するという循環（AIDAS モデル）。

② 体験による注意促進の循環

顧客が商品を体験して感動し，それにより注意が増すという循環（AIDEES モデル）。

③ 情報共有による注意・欲求・検索促進の循環

顧客が商品を購買してその情報を共有し，その情報に注意する，あるいはその情報に関連するキーワードなどにより検索するという循環（AISAS モデル）。

顧客が商品を体験して感動し，その情報を共有して欲求が増すという循環（AIDEES モデル）。

循環モデルでは，購買(A)や体験(E)の後に，満足(S)，感動(E)および共有(S)があり，それが消費者モデルを循環させる役割を果たしている。

3 消費者モデルからマーケティング・コミュニケーション・モデルへ

3.1 マーケティング・コミュニケーション・モデルの必要性

(1) 消費者モデルの活用

従来のマーケティング・コミュニケーションでは，店舗・商品と顧客との関わりを捉えるために，**2**で紹介した消費者モデルを基盤として，コミュニケーションがどのレベルにあるかを測定し，マーケティング・コミュニケーション方策を考えるといった対応がとられてきた。これらのモデルは，顧客を捉えるための基準となりマーケティング・コミュニケーションの立案に大きく貢献した。

(2) 成功事例にもとづく方策立案の限界

一方，店舗が行ったマーケティング・コミュニケーションの方法や実践については，

- 成功事例としてまとめる（嶋口・竹内・片平・石井，1998；1999；魚谷，2009）。
- 成功事例を参考にしてマーケティング方策立案マニュアルとしてまとめる（和田，1999；ベリングポイント，2002；関沢・鷲田・ミカエルビョルン，2002；田中・小野，2003）。

といったことが行われ，このような文献は膨大なものとなっている。成功した特定の店舗・商品を事例としてまとめ，それを基盤としてマーケティング・コミュニケーション方策を立案するのである。

しかし，マーケティング・コミュニケーションを取り巻く環境（メディア，ニーズ，競合）は複雑であり，めまぐるしく変化していることから，数年前に

成功事例として取り上げられた店舗・商品が，数年後に不評となり立ち行かなくなった事例は山のようにある。このようなことは，マーケティング・コミュニケーションを構造的に捉えることができていないからであり，どのような要因により成功したのか失敗したのか，何を基準にした成功だったのか，といったことをアドホックに捉えてきたことから起こっている。従来の事例（ケーススタディ）を基盤とした対応では立ち行かなくなってきている。

(3) モデルにもとづくコミュニケーションの分析・立案・評価

本書は，顧客のみならず店舗側も何らかの形でモデル化し，モデルを枠組みとして店舗と顧客の間のマーケティング・コミュニケーションを捉え，その中でコミュニケーション方策が成功したのか失敗したのか，あるいは成功したとすればどのような要因により成功したのかをきちんと分析できる環境を整えることを提案する。そして，マーケティング・コミュニケーション・モデルを基準として，マーケティング・コミュニケーションの分析・立案・評価を効果的に行うことを目指したい。

店舗と顧客の間のマーケティング・コミュニケーションを取り巻く環境は複雑であり，モデル化は容易ではない。しかし，モデルが的確でなければ，それを少しずつ改善してゆけば良いのである。

3.2 従来のマーケティング・コミュニケーションの課題

従来の消費者モデルにもとづいてマーケティング・コミュニケーションをモデル化したものを**図2―3**に示す。

(1)〜(3)ではこのモデルをもとに，従来のマーケティング・コミュニケーションの課題をまとめる。

(1) 認知段階

キャンペーンにより差があるものの，多くの場合，店舗は，マスメディアを

図2―3 店舗と顧客のマーケティング・コミュニケーション・モデル

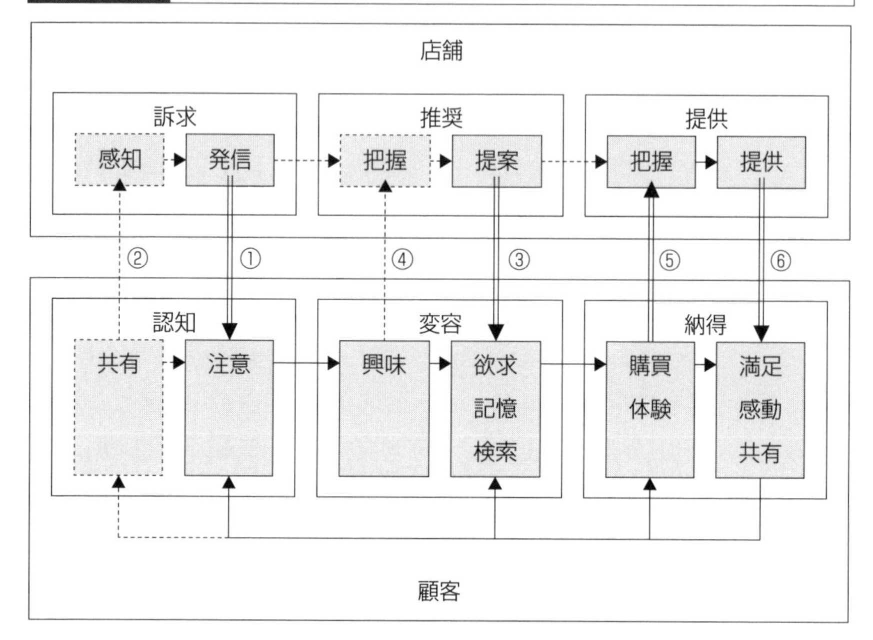

→：店舗あるいは顧客の行動・思考の状態とその流れ

⇒：店舗と顧客との間で頻繁に行われるコミュニケーション

⇢：まだあまりなされていない行動・思考・流れ・コミュニケーション

活用して店舗・商品情報を訴求（発信）する（図中①）。

例えば，

- 新商品の売り出しをテレビ広告や新聞広告により披露する。
- 特売商品をチラシで紹介する。

といった行動である。

顧客は，マスメディアを通じて店舗・商品情報に注意（接触）する。そして，その内容に応じて，次の段階（興味，欲求，記憶，購買など）に進む。

例えば，

- 興味を抱き販売している店舗を訪問する。
- 興味を抱きインターネットで検索する。

といった行動をとる。

この時，顧客の注意を引くために，店舗が発信する訴求内容は，さまざまなマーケティング調査にもとづいて立案される。しかし，第1章で示したように現状では，

- 従来型マスメディアの注目度低下（図中①のコミュニケーション力が低下）
- 広告コンテンツのリッチ化による高コスト化
- コミュニケーションの偏重（図中①に比べ図中②のコミュニケーション力が弱い）

が課題となっている。

(2) 変容段階

店舗は，インストアメディアを活用して商品を提案する（図中③）。

例えば，

- 店員が新商品の紹介を丁寧に説明する。
- 新商品をPOP（Point Of Purchase）広告で紹介する。
- 新商品をチャットで紹介する。

といった行動である。

顧客は，インストアメディアを通じて商品に欲求を抱く（図中③）。その欲求の度合いに応じて，次の段階（購買など）に進む。

例えば，

- 記憶しておいて何らかの機会に購買する。
- より詳しい情報を検索し確信すれば購買する。
- 販売している店舗を訪問し購買する。

といった行動である。

この時，顧客に欲求を抱かせるために，店舗が提案する商品は，さまざまなマーケティング調査にもとづいて立案されるのであるが，第1章で示したように現状では，

- 価格訴求の効果低下（図中③のコミュニケーション力が低下）

- 品質訴求の困難（図中③のコミュニケーション力が低下）
- 顧客個人のニーズに対応した提案力の低下（図中③④のコミュニケーション力が低下）

が課題となっている。

(3) 納得段階

顧客は，実際に商品を購買する（図中⑤）。

店舗は，それを受けて実際に商品を提供する（図中⑥）。

そして，顧客は，実際に商品を消費・体験し満足した場合，インターネットのブログ，ツイッター，フェイスブックなどにその結果や体験を発信する。

この時，顧客が商品を購買した場合のデータはPOS（Point Of Sales）システムにより把握され，売れ筋商品，死に筋商品などの分析が行われる。店舗が提供する商品は，顧客に購買・満足してもらうために，POSシステムにもとづいて用意されるのであるが，第1章で示したように現状では，

- 囲い込みの困難（図中⑥のコミュニケーション力が低下）
- 優良顧客の先細り（図中⑤のコミュニケーション力が低下）

が課題となっている。

(4) プッシュ型からプル型へ

従来のマーケティング・コミュニケーションは，店舗から顧客に向けて刺激を与え続けるプッシュ型のアプローチである。

近年のソーシャルメディアの普及により，顧客から発信される情報を共有する過程を重視するプル型のアプローチもとられつつあるが，あくまで「共有」レベルであり，顧客から店舗にいたるコミュニケーション（図中②④）をより積極的に展開する方策は重視されていない（図中の点線矢印）。

- 顧客自らがメディアに情報を取りにきて発信する（図中②の強化）。
- 顧客自らが来店し店舗で体験する（図中④の強化）。

というプル型のマーケティング・コミュニケーションを促進することを考える。

4 マーケティング・コミュニケーション・モデルの提案

4.1 新しい消費者モデル（WAIDAS）の適用

3.2で示した課題を踏まえ，顧客から店舗にいたるコミュニケーション（図2—3の図中②④⑤）を促進することを考える。

そのために，消費者モデルとして，**図2—4**に示すWAIDASモデル（PFU登録商標）を適用する。

WAIDASは，形式的には図2—3に示した消費者モデルの認知段階の共有(S)を願望(W)に変更したものであり，

① W = Wish（願望）
② A = Attention（注意）
③ I = Inspiring（喚起）あるいはInterest（興味）
④ D = Discovery（発見）あるいはDesire（欲求）
⑤ A = Action（購買）
⑥ S = Satisfaction（満足）

の段階で捉え，

図2—4　WAIDASモデル

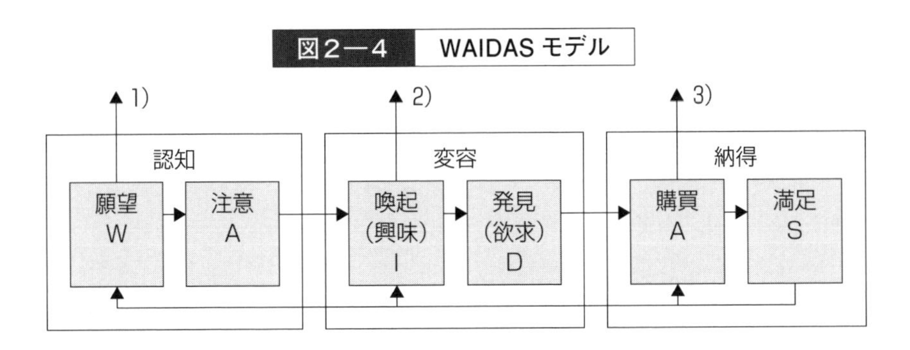

- 注意（Attention）の前に顧客の働きかけ（願望：Wish）があること
- パーソナルニーズを喚起（Inspiring）すること
- 喚起によって顧客に発見（Discovery）をもたらすこと

を特徴としており，認知，変容および納得の各段階における顧客から店舗への積極的な関与（図中1)2)3)）を想定した（あるいは目指した）モデルである。

これは，小売業におけるマーケティング・コミュニケーションの実践（潮地，2010）にもとづいて提唱されたものであり，店舗・顧客との双方向コミュニケーションを促進することが集客の成功につながったという経験にもとづいている。

4.2 M-In-D サイクル・マーケティング・コミュニケーション・モデル

(1) 集客段階に応じた双方向コミュニケーション

WAIDAS モデルを組み入れた，店舗と顧客の３段階６応答のマーケティング・コミュニケーション・モデルを**図２—５**に示す。

図２—３における店舗の「感知」「把握」は点線枠であったが，このモデルでは強固なものとなっている。また，「感知」「把握」を強固にすることにより，店舗の訴求活動→推奨活動→提供活動の流れを連続したものにしている。

このモデルは，認知，変容および納得の段階における細やかな双方向コミュニケーションを特徴としており，

① 顧客自らが情報を取りにくる仕掛け

メディア接触に対する特典を充実し，顧客自らがメディアに接触して情報を取りにくるコミュニケーション（図中①）を促進する。

② 低コストメディアの活用

店舗から顧客へのコミュニケーション（図中②）では，電子メールなどによる低コストメディアを活用する。

③ 顧客自らが体験にくる仕掛け

顧客が店舗内で何らかの体験を行う動機付けを醸成し，顧客の来店（図

図2―5　3段階6応答のマーケティング・コミュニケーション・モデル

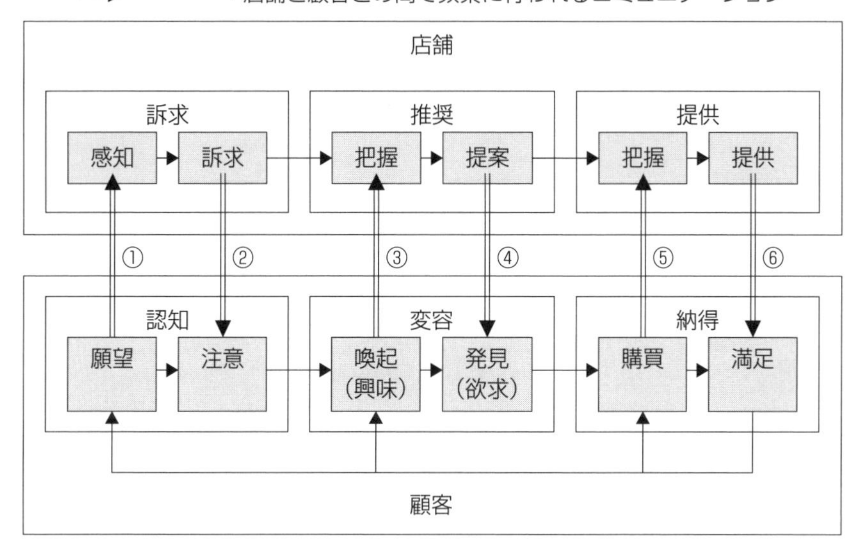

中③）を促進する。

④　体験によるパーソナルニーズの把握と提案

顧客のパーソナルニーズを的確に把握し（図中③），店舗から顧客への提案（図中④）を魅力的にする。

⑤　購買を習慣にする仕掛け

顧客に提供できる特典の充実を基盤として，顧客が店舗で購買した場合，まずは達成容易なレベルで特典を提供し，それを続けてゆくと大きなメリットを感じられるようにして，顧客の来店（図中⑤）を促進する。

⑥　持続可能な購買習慣プログラムの提案

店舗が競合店舗との差別化が図れるように，店舗の強みを活かした購買習慣プログラムを提案する（図中⑥）。全くの顧客中心対応とするのではなく，店舗の商品の強みを考慮して，それと顧客のメリット・購買パターンを両立させた持続可能な購買習慣プログラムを提案する。

を実現するマーケティング・コミュニケーション・モデルである。

これは，2.2の(4)で示した顧客の循環，

- 情報共有により顧客の注意・欲求・検索が促進されること
- 体験により顧客の注意が促進されること
- 購買満足により購買が促進されること

を取り込んだモデルとなっている。

(2) 動機の駆動

次に，図２―５の①～⑥を促進し，店舗と顧客が頻繁にコミュニケーションをとる仕掛けをモデル化する。

本書は，WAIDASモデルに３種類の「動機（Motivation）」を組み込み，それらを駆動することにより顧客からの店舗への３種類の働きかけを促進することを提案する（**図２―６**）。

① 情報獲得の動機―「知りたい」
顧客が商品に関わる情報を獲得しようと思う動機。

② 体験参加の動機―「試したい」
顧客が商品を体験してみようと思う動機。

③ 購買継続の動機―「続けたい」

図２―６ ３種類の動機

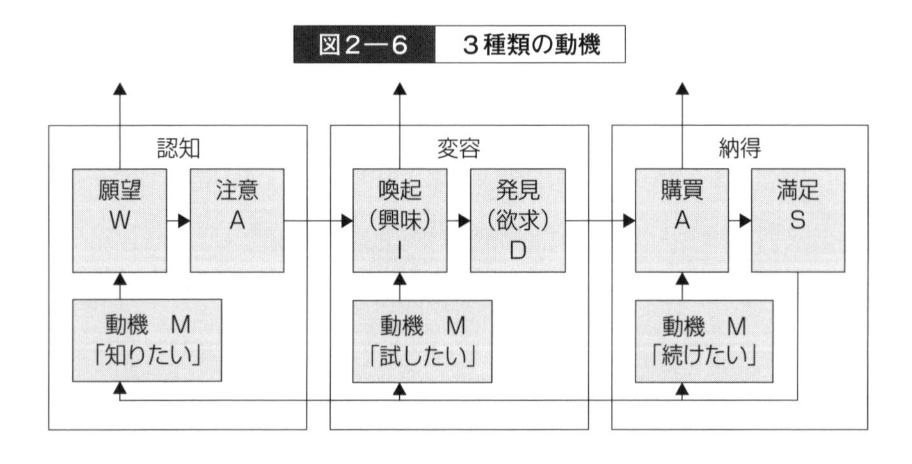

顧客が商品を購買して満足し，また購買しようと思う動機。

(3) モデルの全体像

このような3種類の動機を入れたマーケティング・コミュニケーション・モデルを，本書では，M-In-D サイクル・マーケティング・コミュニケーション・モデルと呼ぶこととする。M-In-D サイクルのイメージを**図2－7**に示す。M-In-D サイクルは，

① 願望誘発サイクル（M サイクル）

顧客の願望を誘発する仕掛け・サイクル（図中点線），M は願望の発動（Motion of the wish）の頭文字をとって M サイクル。

② 発見喚起サイクル（In サイクル）

顧客に発見を喚起する仕掛け・サイクル（図中実線），In は発見の喚起（Inspiring the discovery）の頭2文字をとって In サイクル。

図2－7　M-In-D サイクルのイメージ

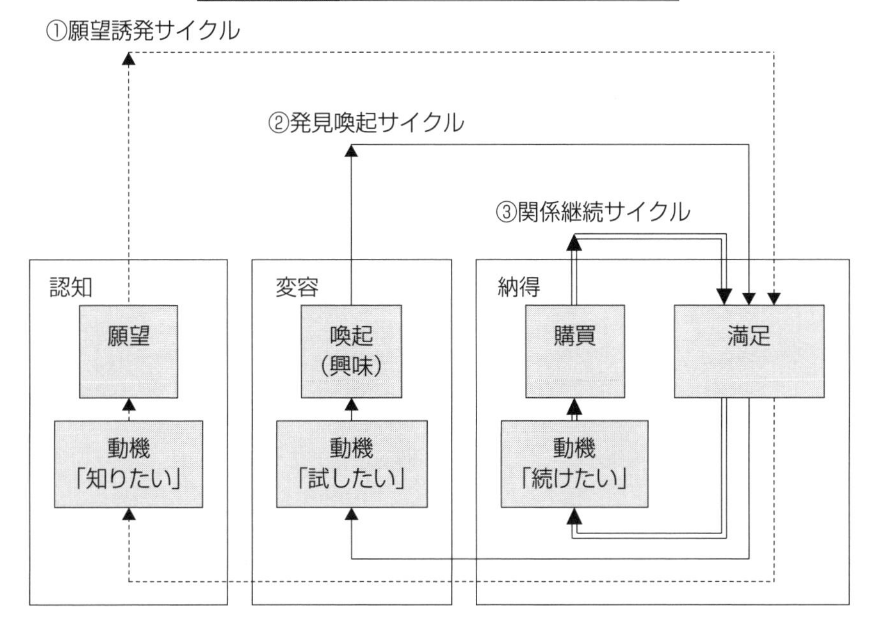

図2―8 M-In-D サイクル・マーケティング・コミュニケーション・モデル

店舗
誘発情報
体験提案
購買習慣
特典
②
⑥
⑨
訴求
感知
発信
推奨
把握
提案
提供
把握
発信
①
⑤
⑧
③
認知
願望
注意
変容
喚起（興味）
発見（欲求）
納得
購買
満足
動機「知りたい」
④
動機「試したい」
⑦
動機「続けたい」
⑩
顧客

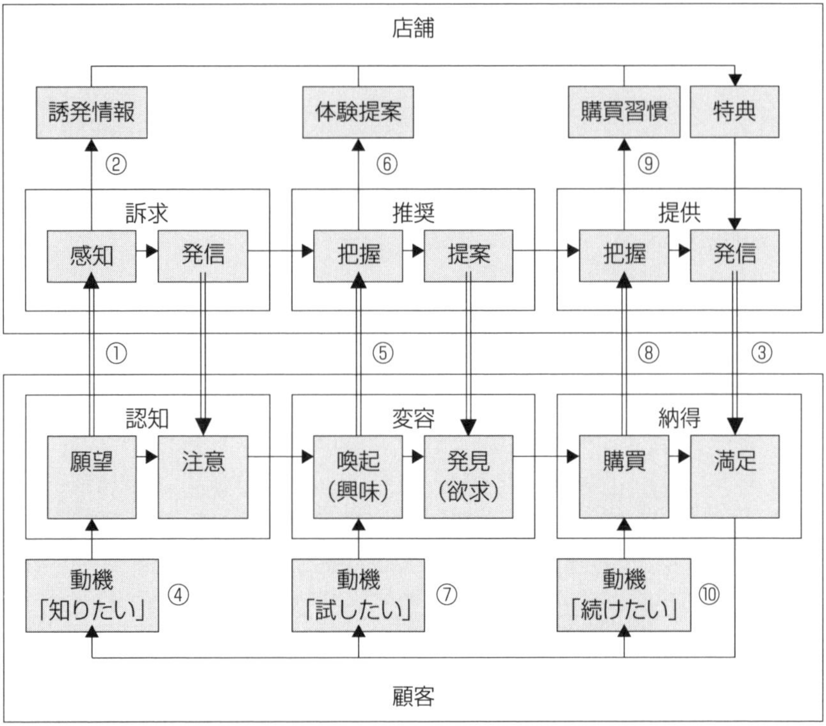

③ 関係継続サイクル（D サイクル）

顧客との関係を継続する仕掛け・サイクル（図中二重実線），D は関係・習慣への依存（Dependence on the relationship and habit）の頭文字をとって D サイクル。

から構成される。

M-In-D サイクル・マーケティング・コミュニケーション・モデルの全体像を**図2―8**に示す。M-In-D サイクルの特徴を(4)〜(8)に示す。

(4) 願望誘発サイクル（M サイクル）

認知段階では，店舗は，顧客自らがメディア接触し店舗に願望を発信するコミュニケーション（図中①）を駆動する。

まず，店舗は，顧客の願望状況（発信の有無，願望の領域など）を感知し，その状況に応じて，顧客が「知らないと損をする」あるいは「知っていると得をする」誘発情報を立案し（図中②），メディア接触に対する特典をつけて発信する（図中③）。

次に，顧客は，その誘発情報や特典に何らかの満足（あるいはメリット）を感じ，「知りたい」と思い（図中④），店舗・商品・特典に関する情報を発信しているメディアに接触し店舗に願望を発信する（図中①）。

このようなコミュニケーションの応答（図中②→③→④→①）を繰り返すことにより，顧客が店舗・商品・特典に関する情報を発信しているメディアに接触する願望を誘発する。このような仕掛けを本書は願望誘発サイクルと呼ぶこととする。

⑸　発見喚起サイクル（In サイクル）

変容段階では，店舗は，顧客自らが来店し店舗で体験するコミュニケーション（図中⑤）を駆動する。

まず，店舗は，顧客の興味状況（来店の事実，興味の領域など）を把握し，その状況に応じて，顧客が「試さないと損をする」あるいは「試すと得をする」体験方策を提案し（図中⑥），体験参加に対する特典をつけて発信する（図中③）。

次に，顧客は，その体験や特典に何らかの満足（あるいはメリット）を感じ，「試したい」と思い（図中⑦），店舗で体験に参加する（図中⑤）。そして，店舗は，顧客の体験結果に応じて，顧客の欲求（パーソナルニーズ）を発見し，顧客の欲求（パーソナルニーズ）に応じた商品を提案する。

このようなコミュニケーションの応答（図中⑥→③→⑦→⑤）を繰り返すことにより，顧客が店舗に来店し店員とのコミュニケーションを深め，そのコミュニケーションの中から顧客の欲求（パーソナルニーズ）を発見する。このような仕掛けを本書は発見喚起サイクルと呼ぶこととする。

⑹ 関係継続サイクル（D サイクル）

納得段階では，店舗は，顧客が店舗で商品を購買し続けるコミュニケーション（図中⑧）を駆動する。

まず，店舗は，顧客の購買状況（購買の有無・領域・価格・場所・時間）を把握し，その状況に応じて，顧客が「続けないと損をする」あるいは「続けると得をする」購買習慣プログラムを提案し（図中⑨），購買行動に対する特典をつけて発信する（図中③）。

次に，顧客は，その商品や特典に何らかの満足（あるいはメリット）を感じ，「続けたい」と思い（図中⑩），店舗での購買を習慣化する（図中⑧）。

このようなコミュニケーションの応答（図中⑨→③→⑩→⑧）を繰り返すことにより，顧客が店舗との関係を持ち続け，購買を継続する。このような仕掛けを本書は関係継続サイクルと呼ぶこととする。

⑺ サイクルの連動

⑷～⑹のサイクルは，顧客に「知りたい」「試したい」「続けたい」と思わせる仕掛けであるが，これらのサイクルを単体で駆動しようとすると大きな力が必要になる。そこで，これらのサイクルを組み合わせ，顧客の動機を効率的に向上させることを目指す。一つひとつのサイクルの駆動力が小さくとも，これらの力を連動させることにより，顧客の動機を相乗的に向上させる。

図2―9にサイクルの連動による顧客の動機向上のイメージを示す。願望誘発サイクル，発見喚起サイクルおよび関係継続サイクルを連動させることにより，店舗・商品に対する顧客の動機を相乗的に向上させる。

⑻ M-In-D サイクルの駆動

数少ないコミュニケーション応答だけでは，マーケティング・コミュニケーションは的を射たものにならない。そこで，まず，⑷～⑹の各々のサイクルをどんどん回す（**図2―10**の白ぬき矢印）。次に，これらのサイクルを連動させて大きな M-In-D サイクル（「知りたい」→「試したい」→「続けたい」）を回

図2―9　サイクルの連動による顧客の動機向上のイメージ

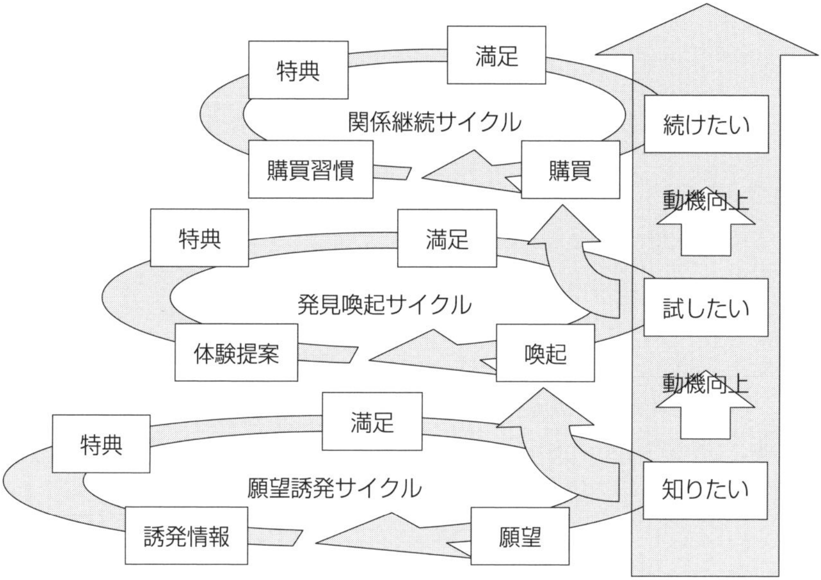

満足
特典
関係継続サイクル
購買習慣
購買
続けたい
動機向上
特典
満足
発見喚起サイクル
体験提案
喚起
試したい
動機向上
満足
特典
願望誘発サイクル
誘発情報
願望
知りたい

図2―10　M-In-D サイクルの大きなサイクルイメージ

願望誘発サイクル
Mサイクル
発見喚起サイクル
In サイクル
知りたい
試したい
M-In-D
サイクル
続けたい
関係継続サイクル
Dサイクル

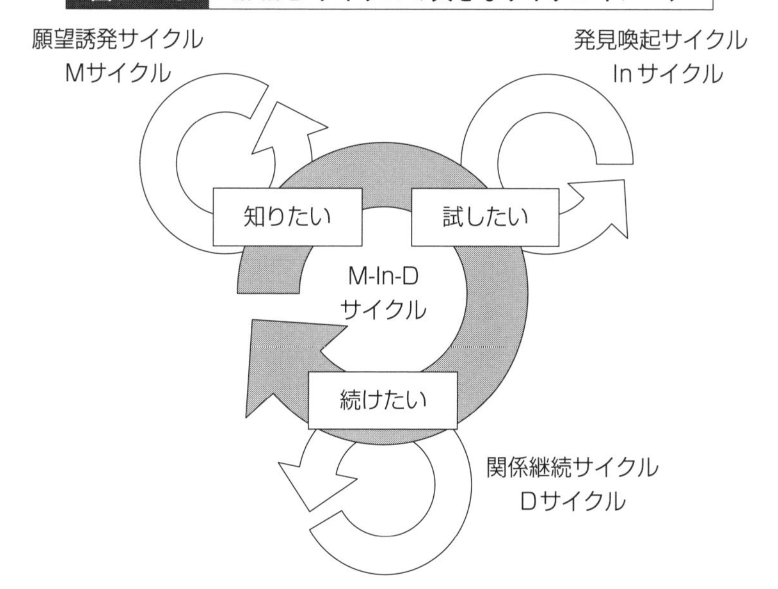

し（図２―10の灰色矢印），顧客の心（Mind）を駆動する。もともとのサイクルの精度は悪くとも，少しずつ試行錯誤を繰り返すことにより精度を向上し，顧客の動機を効果的に向上させる。

《参考文献》

秋山隆平・杉山恒太郎（2004）『ホリスティック・コミュニケーション』宣伝会議。

ベリングポイント（2002）『顧客感動主義―CRM 完全達成シナリオ―』ダイヤモンド社。

片平秀貴（2006）「消費行動モデルは AIDMA から AIDEES の時代へ」『日経 BP ビジネス・アドデータ』第18号。

岸志津江（2000）「広告コミュニケーション過程と効果」『現代広告論』有斐閣。

関沢英彦・鷲田祐一・ミカエルビョルン（2002）『シチュエーション・マーケティング　ケータイ時代の消費を捉える新発想』かんき出版。

嶋口充輝・竹内弘高・片平秀貴・石井淳蔵（1998）『マーケティング革新の時代①顧客創造』有斐閣。

嶋口充輝・竹内弘高・片平秀貴・石井淳蔵（1999）『マーケティング革新の時代③ブランド構築』有斐閣。

潮地良明（2010）「情報キオスク活用による集客ソリューションの提案」『PFU テクニカルレビュー』第21巻第１号。

Strong, Edward K. (1925), Theories of Selling, Journal of Applied Psychology, No. 9, pp. 75-86.

田中双葉・小野彩（2003）『ライブマーケティング』東洋経済新報社。

魚谷雅彦（2009）『こころを動かすマーケティング―コカ・コーラのブランド価値はこうしてつくられる』ダイヤモンド社。

和田充夫（1999）『関係性マーケティングと演劇消費―熱烈ファンの創造と維持の構図』ダイヤモンド社。

第3章 M-In-D サイクル・マーケティング・コミュニケーション

第2章では，認知，変容および納得の段階における細やかな双方向コミュニケーションにもとづくM-In-D サイクル・マーケティング・コミュニケーションのモデルを提案した。

本章では，まず，M-In-D サイクルを構成する願望誘発サイクル，発見喚起サイクルおよび関係継続サイクルによるコミュニケーションを促進する方法について解説する。そして，それらの連動による高度化について考察する。

1 願望誘発サイクルの駆動

1.1 駆動の考え方

本書が提案するのは，顧客が「知りたい」と思い，店舗・商品に関わる情報を発信しているメディアに顧客自らが接触しようとするようなコミュニケーションを駆動することである。顧客自身の願望に関わる情報が店舗から発信された時，顧客の注意力は飛躍的に高まる。

そのためのポイントを(1)～(4)に示す。

(1) 低コストデジタルメディアの活用

店舗・商品・特典に関する情報を発信するためのメディアにはさまざまなものがあるが，コストの高い従来型マスメディアを活用すると，発信頻度が少なくなり，メディアや店舗の都合だけで情報を発信しがちとなる。また，メディアにかかるコストが収益を圧迫する。

願望誘発サイクルでは，店舗がこまめに誘発情報を発信するためにコストの安いデジタルメディアを活用するようにする。顧客の状況，店舗の状況および競合店舗の状況に応じて，店舗がこまめに情報を発信する。顧客のタイミングニーズを活用する。

例えば，

- 店舗がイベントを催している時，目玉商品を入荷した時にメールを顧客に送付する。
- 競合店舗の商品価格を調査した上でお得メールを顧客に送付する。
- 新商品のお試し体験談が投稿された時にツイッターやインスタグラムで共有する。

といったタイミングで情報を発信する（第４章の3.4と3.5参照）。

メディア接触への特典は，従来型マスメディアのチラシで行うことができる。チラシに，切り抜きクーポンを作り，そのクーポンを持ってきた顧客だけ割り引くといったやり方である。ただ，チラシの場合，クーポンを持ってきた顧客がどのような顧客かを知ることは難しい。したがって，メディアに接触した顧客がどのような顧客かを把握するための履歴データが蓄積されるようなデジタルメディア（電子メール，インターネットなど）を活用する。そして，履歴データをもとに顧客が注意を払う感度領域を分析し，誘発情報を立案する際の参考にする。

(2)　知らないと損をする状況—メディア接触への特典

特典を提供するというと，多くの場合，商品購買に付随して「××％引き」「期間限定」「○○プレゼント」といった販売促進策になりがちとなる。このような特典は，顧客が広告（チラシ，ダイレクトメール，POP など）を見ていてもいなくても購買を行った顧客は特典を享受することができる。

願望誘発サイクルでは，店舗・商品・特典に関する情報を発信しているメディアに接触した顧客だけに手厚い特典を発信するようにする。そして，メディアにかけていたコストを特典の充実に振り替える。顧客がメディアに接触するという動機（「知らない人は損をする」「知っている人だけが得をする」）が醸成されるような状況を作る。

例えば，

- 店舗からのメールを開いて読むと得をする。
- メールを受け取っていないと損をする。
- 店舗に願望（リクエスト）を伝えると差別化された商品が購買できる。
- ツイッターやインスタグラムでフォローすると得をする。
- スマートフォンアプリをインストールすると得をする。

といった状況を作る。

(3) 誘発情報の演出

特典を発信する際に，ただ無機質に「××％引き」「期間限定」「○○プレゼント」といった発信の仕方では，顧客が退屈してしまい，見てくれなくなる。

願望誘発サイクルでは，顧客がメディアに接触すると楽しめる演出方法をとるようにする。顧客がメディアに接触するという動機（「ちょっと調べようか」「見ると楽しい」「ちょっと教えようか」）が誘発されるような手続きをとる。顧客の新規性ニーズを活用する。

例えば，

- 店舗からのメールを受け取った時にメールを開いて読むとクイズに答えることができる。ちょっと暇つぶしができる。
- 店舗に願望（リクエスト）を伝えて初めてサービスを受けることができる。
- ツイッターやインスタグラムの共有情報を見ると，まだ発売されていない新商品情報を見たり，限定企画に参加することができる。

といった手続きをとる（第4章の2.4参照）。

(4) サイクルの繰り返しによる願望誘発

願望誘発サイクルを繰り返し続けるためには，

- 誘発情報（話題）を簡単に立案し続ける方法を整備する。
- 誘発情報（話題）を分担して立案し続ける体制を整備する。
- 顧客に幅広く特典を提供するのではなく，メディア接触した顧客だけに特典を提供することにより，特典にかかるコストを抑える。
- 顧客がメディア接触する際に，操作などが負担にならないようにする。

といった持続可能な対応を行う。繰り返しを続けることにより，

- メディアに接触していない顧客は損をし，メディア接触した顧客は魅力的な特典をもらって得をする。

ということを顧客に徐々に浸透させる。このような地道な取り組みを心がける。

1.2　駆動の方法

具体的なコミュニケーションの実践は，第４章の事例で紹介するが，ここではサイクルを駆動する方法について解説する。

図２―８に示したモデルのうち，願望誘発サイクルに関連するコミュニケーションを抜き出したものを**図３―１**に示す。

(1)　誘発情報の立案

店舗は，顧客の願望状況（発信の有無，願望の領域など）を感知し，店舗と競合店舗の状況に応じて，顧客が「知らないと損をする」あるいは「知っていると得をする」誘発情報を立案する（図中①）。

図３―１　願望誘発サイクル

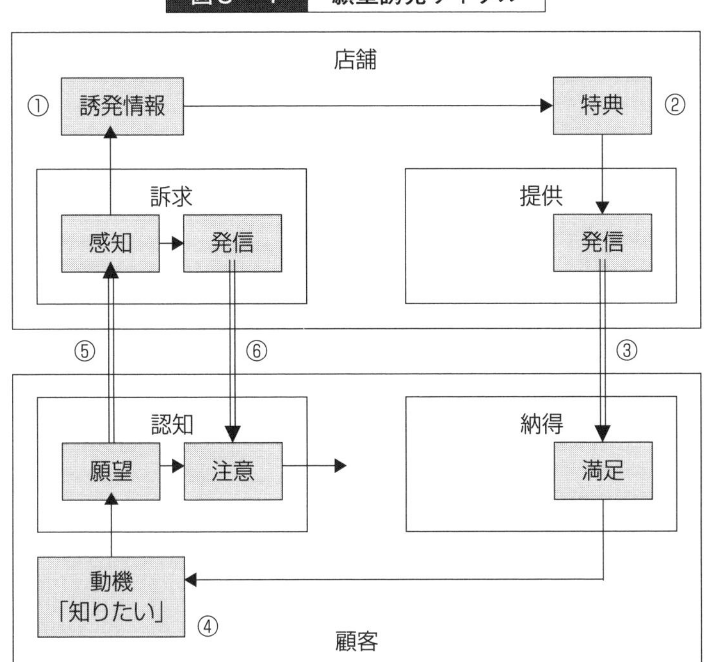

顧客の願望状況にはさまざまなものがある。

- 全く店舗・商品を知らない。
- 店舗を知っている。
- 商品を知っている。
- 店舗に何らかの発信（メールアドレス通知，願望を伝えている）を行っている。
- どのような領域の商品に興味があるか。

といったものである（このような情報を入手することができない場合，一般的な顧客の願望状況を想定する)。また，店舗の状況として，

- 新商品・新入荷商品・期間限定商品を用意できるか。
- 目玉商品を設定できるか。

といったものもある。これらの状況に応じ，

- 新店舗・商品紹介
- お勧め店舗・商品紹介
- 売れ筋商品紹介
- 期間限定商品・割引・催し紹介

などの訴求内容を立案する（具体的には第4章の2.5と第7章の1.1参照)。

(2) 特典情報の発信

店舗は，顧客がメディア接触を行い，訴求内容を見て，店舗へのコミュニケーション行動（図中⑤：メールの返信，インターネットでの登録など）を行った場合の特典を立案し発信する（図中②③)。

特典の内容にはさまざまなものがある。

- 景品
- 割引クーポン
- 買物ポイント

といったものを，顧客の願望状況に応じて発信する（具体的なイメージは第4章の2.6と3.5参照)。

デジタルメディアが持つ配信スピードを活かすことにより，特典を魅力的にすることも試みる（具体的には第４章の3.5参照）。

⑶　「知りたい」の駆動

店舗は，顧客がその誘発情報や特典に何らかの楽しさや満足（メリット）を感じ，「知りたい」と思わせるようにする（図中④）。

楽しさと満足を感じさせるためには，情報発信の演出方法として，

- クイズ形式
- ゲーム形式
- 願望（リクエスト）対応形式
- 期間限定形式
- 定期発信形式
- 顧客投稿・共有形式

などの手続きをとり，

- 誰でも答えられる（参加できる）ものにしない。
- 店舗・商品を知っていると答えられる（参加できる）。
- 店舗に行くと答えられる（参加できる）。
- インターネットなどで調査すると答えられる（参加できる）。
- 願望（リクエスト）を伝えると参加できる。
- ある特定の期間（時間）だけ参加できる。
- 新しい情報を定期的に入手できる。
- 顧客の生の情報を入手できる。

などの工夫をこらし，店舗・商品・特典に関する情報を知っていると得をし，知らないと損をするような状況を演出する（具体的には第４章の2.4参照）。

結果として，顧客に店舗・商品・特典に関する情報を発信しているメディアに接触させることを目指す（図中⑤）。

そして，顧客がメディアに接触し，店舗へのコミュニケーション行動（図中⑤）を行った場合，特典を享受する権利を発信する（図中⑥）。

(4) 「知りたい」の伝播

店舗は，メディア接触のない顧客に対し，「知らない」ことに何らかの不満（デメリット）を感じて「知りたい」と思わせるようにする（図中④）。

「知らない」顧客に何らかの不満（デメリット）を感じさせるためには，

- ポスター
- チラシ

などの低コストの従来メディアや，

- ツイッター
- インスタグラム

などのソーシャルメディアを活用して，

- 店舗・商品・特典に関する情報
- メディア接触した顧客だけに特典があること
- メディア接触の方法

などを発信する（具体的には第４章の3.4参照）。店頭などで「知らない」顧客を対象に，

- クイズ
- ゲーム

などを実施し，

- 店舗・商品を知っていないと答えられない（参加できない）。
- メールを読んでいないと答えられない（参加できない）。

などの結果から，「知らない」顧客にあえて損をさせる（具体的には第４章の2.4参照）。

(5) サイクルの繰り返しによる願望誘発

このようなサイクル（図中①→②→③→④→⑤）を繰り返すことにより，顧客の「知りたい」という動機を醸成し，顧客が店舗・商品・特典に関する情報を発信しているメディアに接触する願望を誘発する。

2　発見喚起サイクルの駆動

2.1　駆動の考え方

本書が提案するのは，顧客が「試したい」と思い，顧客自らが来店しようとするようなコミュニケーションを駆動することである。体験にもとづく提案がなされ，顧客自身がその体験に参加した時，顧客の記憶力・欲求力は飛躍的に高まる。

そのためのポイントを(1)〜(4)に示す。

(1)　リアルメディアの活用

インターネットの普及にともなって店舗の電子化が進んでいるが，電子店舗だけでは，サービスの差別化が図りにくく価格訴求になりがちとなる。

発見喚起サイクルでは，店舗と顧客との関わりを深めるためにリアルメディアを活用するようにする。顧客とのリアルコミュニケーションにもとづいて，顧客のパーソナルニーズを発見し，価格だけで判断できない商品を提案する。顧客の品質ニーズ，タイミングニーズなどを把握・分析し，パーソナルな問題解決を図る。

例えば，

- 顧客が実際に計測装置に（触れて）乗って自分の足のバランスを確認し，足のバランスに合った靴を試着して感触を確かめる。
- 顧客が実際に計測装置に触れて自分の健康状態を計測し，健康状態に合ったアドバイスを受ける。
- 顧客が実際に衣服を試着し，自分に似合うかどうかの感覚を確かめる。
- 顧客が多彩な限定商品（コーヒー，ティーなど）を実際に飲み，味や香りを確かめる。

といった体験サービスを行う（第５章の2.2と3.2参照）。

(2) 試さないと損をする状況―体験参加への特典

従来の特典は，商品購買に付随する販売促進策になりがちとなることは*1*でも解説した。このような特典は，顧客が店舗で自らの情報を提供してもしなくても，体験をしてもしなくても購買を行った顧客は特典を享受することができる。

発見喚起サイクルでは，店舗に来店し何らかの情報（自らの情報，来店の事実，願望や興味の領域など）を発信した顧客，何らかの体験（試着，実験など）に参加した顧客だけに特典を発信・提供するようにする。顧客が来店し体験するという動機（「試さない人は損をする」「試した人だけが得をする」）が喚起されるような状況を作る。

例えば，

- 店舗に来店した事実を発信した顧客だけにクーポンを発行する。
- 店舗で体験参加しないと割り引いてもらえない。
- 体験参加すると顧客の足バランス状態がわかりそれに応じたレポートを受け取れる。
- 体験参加すると今まで着ることができなかった服を試着できる。
- 店舗に来店した顧客だけが飲むことができる限定商品が多彩にある。

といった状況を作る。

これに近い販売促進策として，デパートの地下食品売場でよく行われる試食がある。ソーセージなどを焼き，試食してもらい欲求を喚起するといったやり方である。ただ，試食の場合，試食してもしなくてもソーセージの価格は同じである。

発見喚起サイクルでは，試食した顧客だけに特典を提供するようにし，試食そのものに特典を提供する。なお，試食したからといって購買を強要するわけではない。

(3)　体験の演出とメリット

顧客に体験してもらう際に，ただ単に「試着しませんか」「試食してください」といった体験の仕方では，顧客の参加意識が高まらない。

発見喚起サイクルでは，体験すると顧客が楽しめたり驚いたりする演出方法をとり，体験により顧客がメリット（今までにない体験ができる，今まで見えなかったものが見える，問題が解決できる，時間が短縮できるなど）を感じられるようにする。顧客が体験に参加するという動機（「やってみると楽しい」「ちょっと試そうか」「こんなことがわかるのか」）が喚起されるような演出方法をとる。顧客の新規性ニーズを活用する。

例えば，

- 顧客が認識していない足バランスを計測し顧客に合った靴を提案する。
- 顧客に仮想空間上でいろんな服を短時間のうちに試着してもらい，新しい自分を発見してもらう。
- 顧客に自分の好みに合わせたカスタマイズができることを認識してもらい，新しいカスタマイズを試して発見してもらう。
- 顧客の好みを反映した商品の楽しみ方を提案する。

といった体験方策をとる（第５章の2.2と3.2，第７章の1.2参照）。

(4)　サイクルの繰り返しによる発見喚起

発見喚起サイクルを繰り返し続けるためには，

- 顧客が自宅では体験できない体験を提案する。
- １回きりではなく，継続するとメリットとなる体験を提案する。
- 顧客に幅広く特典を提供するのではなく，体験した顧客だけに特典を提供することにより，特典にかかるコストを抑える。

といった持続可能な対応を行う。繰り返しを続けることにより，

- 体験していない顧客は損をし，体験した顧客は魅力的な特典をもらって得をする。
- 体験しているうちに顧客は潜在ニーズ，パーソナルニーズを発見する。

ということを顧客に徐々に浸透させる。このような地道な取り組みを心がける。

2.2 駆動の方法

具体的なコミュニケーションの実践は，第5章の事例で紹介するが，ここではサイクルを駆動する方法について解説する。

なお，ここでは，*1*に示した方策などにより，顧客が店舗や商品に対し一定の注意を払っているという前提で解説する。

図2―8に示したモデルのうち，発見喚起サイクルに関連するコミュニケーションを抜き出したものを**図3―2**に示す。

図3―2 発見喚起サイクル

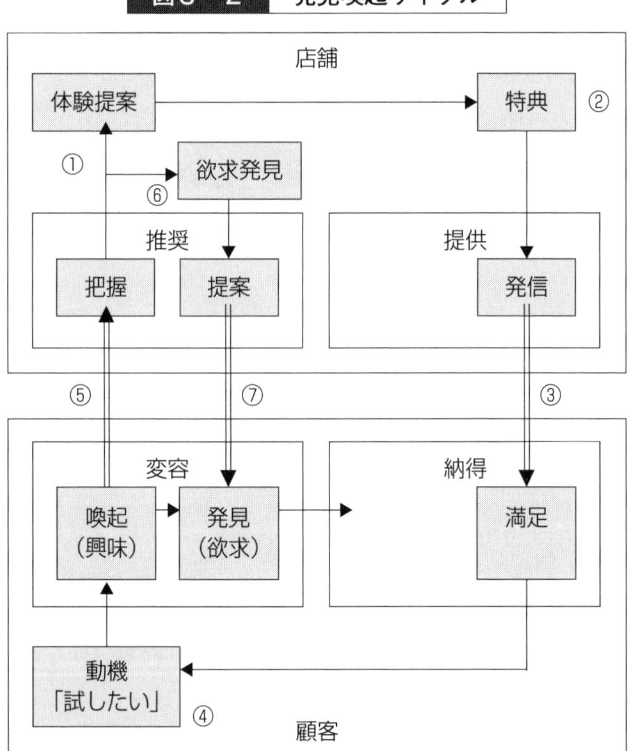

(1) 体験方策の提案

店舗は，顧客の興味状況（来店の事実，興味の領域など）を把握し，その状況に応じて，顧客が「試さないと損をする」あるいは「試すと得をする」体験方策を提案する（図中①）。

顧客の興味状況にはさまざまなものがある。

- 店舗・商品にそれほど興味があるわけではない。
- 店舗に興味がある。
- 商品に興味がある。
- 店舗に何らかの発信（会話，興味を伝えている）を行っている。

といったものや，

- 大切にしていることは何か。
- どのような悩みを抱えているか。
- 時間に対する意識はどれくらいか。
- 価格に対する意識はどれくらいか。

といったものである。これらの状況に応じ，

- 今までにない体験ができる。
- 今まで見えなかったものが見える。
- 問題が解決できる。
- 時間が短縮できる。
- お金が節約できる。

などの体験方策を提案する（具体的には第５章の2.2と3.2，第７章の1.1参照）。

(2) 特典情報の発信

店舗は，顧客が店舗へのコミュニケーション行動（図中⑤：体験参加，再来店など）を行った場合の特典を立案し発信する（図中②③）。

特典の内容にはさまざまなものがある。一般的な特典（景品，割引クーポン，買物ポイントなど）に加え，

- 体験クーポン

- 体験レポート
- 体験にもとづく商品提案
- 限定体験

といったものを，顧客の興味状況に応じて発信する。

これらの体験により，顧客のパーソナルな問題解決が図れる場合，体験そのものが（お金で判断できない）魅力的な特典となる（第５章の2.1と3.1参照）。

(3) 「試したい」の駆動

店舗は，顧客がその体験・商品や特典に何らかの驚きや満足（メリット）を感じ，「試したい」と思わせるようにする（図中④）。

驚きや満足を感じさせるためには，体験方策として，

- 感性に訴えかけ，今までにない体験ができる。

といった工夫をこらすことを基本として，それに加え，

- 個々の顧客の特性や状況に応じ，顧客自身が今まで見えなかったものが見える，顧客自身の個別の問題が解決できる。
- 顧客の生活パターンに合わせ，時間やお金が短縮できる。

などの工夫もこらし，店舗で体験に参加すると得をし，参加しないと損をするような状況を演出する。

結果として，顧客に来店させ，商品に関する体験に参加させることを目指す（図中⑤）。

そして，顧客が来店し店舗へのコミュニケーション行動を行った場合，特典を享受する権利を発信・提供する。

(4) 「試したい」の伝播

店舗は，体験参加のない顧客に対しても「試したい」と思わせるようにする（図中④）。

- ポスター
- チラシ

などの低コストの従来メディアや,

- ツイッター
- インスタグラム

などのソーシャルメディアを活用して,

- 店舗・商品・体験・特典に関する情報
- 体験参加した顧客だけに特典があること
- 体験参加の方法

などを発信する。

(5) サイクルの繰り返しによる欲求発見

このようなサイクル（図中①→②→③→④→⑤）を繰り返すことにより，顧客が「試したい」という動機を醸成し，顧客が店舗に来店し店員とのコミュニケーションを深め，そのコミュニケーションの中から顧客の欲求（パーソナルニーズ）を発見する（図中⑥）。

店舗は，顧客の体験結果をもとに,

- 商品に対する興味の度合いとその理由（パーソナルニーズ）
- 商品に対する価格感度の度合いとその理由（パーソナルニーズ）
- 来店する際の状況とその理由（パーソナルニーズ）
- 商品を購買する際の状況とその理由（パーソナルニーズ）

などを発見し，それに応じた以下のような商品を提案する（図中⑦）。

- 新規（奇）性・好奇心商品
- 商品の効果の説明（見える化）
- 専門的知見などによる問題解決商品
- 経済的（時間的，価格的）商品

結果として，このようなサイクルを通じて，顧客は自らの欲求に応じた商品を発見・享受できるようになる。

3 関係継続サイクルの駆動

3.1 駆動の考え方

本書が提案するのは，顧客が「続けたい」と思い，顧客が店舗で商品を購買し続けようとするようなコミュニケーションを駆動することである。店舗が提案する購買習慣プログラムに，顧客が目標や遊び心を感じた時，顧客の店舗への関係依存度は飛躍的に高まる。

そのためのポイントを(1)〜(4)に示す。

(1) 続けないと損をする状況—購買習慣への特典

従来の特典は，商品購買に付随する販売促進策になりがちとなることは*1*でも解説した。このような特典は，顧客が店舗との関係を持っていたとしても持っていなかったとしても購買を行った顧客は特典を享受することができる。

購買習慣プログラムは，購買金額よりはむしろ購買（あるいは来店）頻度に焦点をあて，顧客がたびたび店舗を訪れると何らかのメリットを感じるような仕掛け（プログラム）である。

関係継続サイクルでは，店舗が提案する購買習慣プログラムに則り商品を購買し続けている顧客，何らかの体験（試着，実験など）に参加し続けている顧客だけに特典を発信するようにする。顧客が来店し購買するという動機（「続けない人は損をする」「続けた人だけが得をする」）が醸成されるような状況を作る。

例えば，

- 購買し続けると優良顧客として認定され得をする。
- 店舗に来店し続けるとクーポンが発行され得をする。

- 店舗で特定の商品を購買し続けるとクーポンが発行され得をする。
- 店舗が設定した特定日（雨の日）に顧客が来店した時にクーポンが発行され得をする。
- 店舗で試着したことがある顧客が新しい商品を購買した時にクーポンが発行され得をする。

といった状況を作る。

関係継続サイクルでは，特定の購買金額の高い優良顧客を抽出して特典を提供するのではなく，店舗が提案する購買習慣プログラムに則る顧客，店舗との関係を続けようとする顧客に特典を提供するのであり，関係を継続しようとする行動そのものに特典を提供する。

(2)　顧客による購買習慣プログラムの選択

顧客は変化し続けるものであり，顧客が過去にメリットを感じた購買習慣プログラムが常に通用するわけではない。顧客の来店パターン・購買パターンに対応した購買習慣プログラムのメニューがないと，顧客は「続けたい」と思わなくなる。

関係継続サイクルでは，複数の購買習慣プログラムのメニューの中から，顧客にプログラムを選択してもらい，自己の来店パターン・購買パターンに合わせて購買すると顧客がメリットを享受できるようにする。顧客が自己の生活パターンに則り購買し続けるという動機（「いつのまにか買っている」）が習慣化されるようなプログラムを用意し，顧客に選択してもらう。

例えば，

- 事前予約特典プログラム：事前予約すれば待ち時間が短縮できる。
- 帰宅途中特典プログラム：平日深夜に購買すれば特典がある。
- ランチタイム特典プログラム：平日昼間に購買すれば特典がある。
- トイレットペーパー継続購買特典プログラム：習慣性のある商品を購買すれば特典がある。

といったプログラムである（第６章の2.2と3.5参照）。

(3) 目標設定・遊びの演出

特典を発信する際に，ただ単に「××％引き」「期間限定」「○○プレゼント」といった発信の仕方では，客は誘引に乗ってこない。

関係継続サイクルでは，顧客に小さな（達成が容易な）目標を認識してもらい，もう少し手を伸ばして購買すると顧客がメリット（手を伸ばせば特典がある，合わせて買えば特典があるなど）を享受できるようにする。顧客が続けて購買するという動機（「もう少しだからまた買おう」「これも買おうかな」）が誘引されるような目標を顧客に発信する。

例えば，

- 購買頻度が一定回数を超えると達成が容易な購買金額でクーポンを発行する。
- 習慣性のある特定の商品（牛乳，トイレットペーパーなど）の購買頻度が一定（目標）回数を超えるとクーポンを発行する。
- 一定購買金額を超えると提供されるクーポン発行までの目標購買金額を顧客に告知する。

といった手続きをとる。

また，特典に遊び心を加えるようにする。顧客が続けて来店するという動機（「今日の特典は何だろうか，店舗に行ってみよう」）が誘引されるような楽しみを顧客に発信する。顧客の新規性ニーズを活用する。

例えば，

- 来店しないとその特典がわからないようにする。
- 特典を日替わりや時間帯で変えてゆく。

といった手続きをとる。

(4) サイクルの繰り返しによる習慣化

関係継続サイクルを繰り返し続けるためには，

- 顧客にとって達成が容易な購買習慣プログラムを提案する。
- 顧客にとって達成が容易な購買習慣を積み重ねてゆくとメリットがどん

どん大きくなる購買習慣プログラムを提案する。
- 顧客に幅広く特典を提供するのではなく，購買習慣を続けた顧客だけに特典を提供することにより，特典にかかるコストを抑える。

といった持続可能な対応を行う。繰り返しを続けることにより，
- 購買習慣プログラムを続けていない顧客は損をし，購買習慣プログラムを続けた顧客は手厚い特典をもらって得をする。
- 達成が容易な購買習慣プログラムを続けているうちに，顧客が当初達成が難しいと思っていた目標を達成してしまう。

ということを顧客に徐々に浸透させる。このような地道な取り組みを心がける。

3.2 駆動の方法

具体的なコミュニケーションの実践は，第6章の事例で紹介するが，ここではサイクルを駆動する方法について解説する。

なお，ここでは，*2*に示した方策などにより，顧客が店舗や商品に対し一定の欲求を抱いているという前提で解説する。

図2―8に示したモデルのうち，関係継続サイクルに関連するコミュニケーションを抜き出したものを**図3―3**に示す。

(1) 購買習慣プログラムの立案

店舗は，顧客の購買状況（購買の有無・領域・価格・場所・時間）を把握し，その状況に応じて，顧客が「続けないと損をする」あるいは「続けると得をする」購買習慣プログラムを立案する（図中①）。

顧客の購買状況にはさまざまなものがある。
- 店舗によく来店するが，商品をあまり購買しない。
- 店舗によく来店し，商品もよく購買する。
- 店舗にあまり来店しないが，商品をたくさん購買する。

といったものや，

図3－3 関係継続サイクル

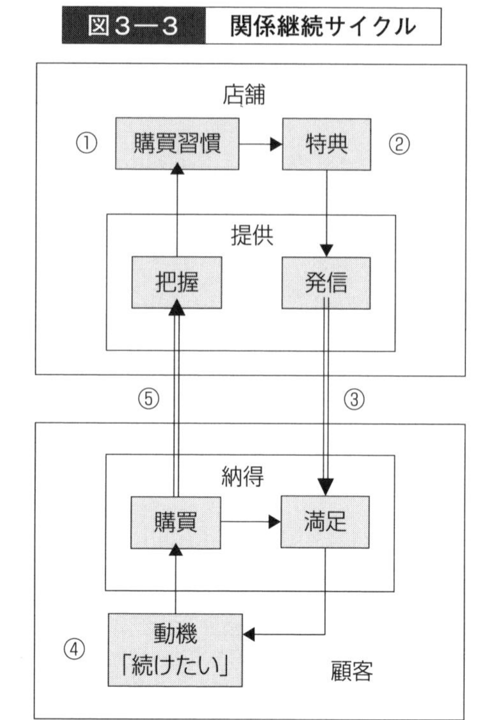

●どのような頻度で商品を購買するか。

●どのような領域の商品を購買するか。

●どれくらいの価格帯の商品を購買するか。

●どのような曜日時間帯に商品を購買するか。

●店舗からの提案に対してどのような反応を示すか。

といったものである。また，店舗と競合店舗の状況として，

●商品価格を競合店舗より安く設定できるか。

●新商品・新入荷商品・期間限定商品は競合店舗に対し差別化が図れるか。

●目玉商品は競合店舗に対し差別化が図れるか。

●在庫商品にはどのようなものがあるか。

といったものもある。これらの状況に応じ，

- 来店習慣プログラム
- 特定商品買物習慣プログラム
- 特定日・時間買物習慣プログラム

などを提案する（具体的には第６章の2.2と3.5と4.5参照）。

(2) 特典情報の発信

店舗は，顧客が店舗へのコミュニケーション行動（図中⑤：来店，購買など）を行った場合の特典を立案し発信する（図中②③）。

特典の内容にはさまざまなものがある。一般的な特典（景品，割引クーポン，買物ポイントなど）に加え，

- 優良顧客認定
- 購買権利クーポン
- 抽選クーポン
- 来店ポイント

といったものや，

- 優良顧客だけしか購買できない限定商品
- クーポンだけでしか購買できない商品・特価品

といったものを，顧客の購買状況に応じて発信する（具体的には第６章の2.2と4.4参照）。

デジタルメディアが持つ配信スピードを活かすことにより，特典を魅力的にすることも試みる（第６章の4.4，第７章の1.2参照）。

(3) 「続けたい」の駆動

店舗は，顧客がその商品や特典に何らかの満足（メリット）を感じ，「続けたい」と思わせるようにする（図中④）。

「続けたい」と思わせるためには，

- 顧客の変化に対応した購買習慣プログラムを提供し続ける。
- 購買習慣プログラムに合わせ特典を提供し続ける。

- 店舗の提案する習慣に合わせると得をすることを明示する。
- 達成が容易な目標を設定し特典を提供する。
- 目標に達すれば特典があることを明示する。
- 目標に達するまでどれくらいかを明示する。
- その時に別の商品と合わせて買えば特典があることを明示する。
- 特典に変化を加える。
- 特典にギャンブル性を加える。
- 店舗に行くと特典の内容が初めてわかる。

などの工夫をこらし，店舗で購買し続けると得をし，購買をやめると損をするような状況を演出する。顧客のスマートフォンにアプリをインストールしてもらい，アプリを基盤として店舗と顧客のつながりを強くすることも試みる（第6章の2.3参照)。

結果として，顧客に来店させ，店舗で商品を購買させ続けることを目指す(図中⑤)。

(4) サイクルの繰り返しによる習慣化

このようなサイクル（図中①→②→③→④→⑤）を繰り返すことにより，顧客の「続けたい」という動機を醸成し，顧客が店舗に来店し購買コミュニケーションを自然に行い，それを楽しめる環境を作り，購買コミュニケーションを習慣化する。

4 サイクルの連動

4.1 連動の考え方

1〜3で解説したサイクルは，顧客に「知りたい」「試したい」「続けたい」と思わせる仕掛けである。これらのサイクルは単体でも駆動しようと思えばできるが，一つのサイクルだけで駆動しようとすると大きな力が必要になり，コストがかさむ。

本書が提案するのは，願望誘発サイクル（Mサイクル），発見喚起サイクル（Inサイクル）および関係継続サイクル（Dサイクル）を組み合わせ，顧客の動機を効率的に向上させることである。一つひとつのサイクルの駆動力が小さくとも，これらの力を連動させることにより，顧客の動機を相乗的に向上（「知りたい」→「試したい」→「続けたい」）させる。顧客個人の「知りたい」「試したい」「続けたい」領域をきめ細やかに把握し，それに応じてコミュニケーションを連動させるのである。これらのサイクルがうまく連動した時，顧客の注意力・記憶力・欲求力・関係依存度は飛躍的に高まる。

そのためのポイントを(1)〜(2)に示す。

(1) きめ細やかな顧客特性の設定

従来のマーケティング・コミュニケーションでは，コミュニケーションの対象として，認知の段階ではマス（不特定多数），変容の段階ではセグメント（顧客層）を設定し，それに合わせたメディア（マスではテレビ・雑誌・新聞・チラシなど，セグメントではダイレクトメール・POPなど）を活用してきた。その後，納得の段階で顧客個人を設定し，顧客の購買実績から顧客特性を把握してきた。このようなコミュニケーションでは，顧客がどのような経路でどのような理由により最終的に購買にいたったかを紐付けることが難しい。

サイクルの連動では，店舗・商品に対し「知りたい」「試したい」「続けたい」という何らかの動機を顧客に発信してもらうようにする。このようなコミュニケーションにより，認知，変容の段階においても顧客個人を対象としたコミュニケーションができるようにする。コミュニケーション対象を不特定多数（認知段階），顧客層（変容段階）に設定するのではなく，来店あるいは購買の頻度があまりない顧客（疎客：認知段階），来店あるいは購買の頻度がたまにある顧客（並客：変容段階），来店あるいは購買の頻度がよくある顧客（常客：納得段階）に設定する。

そして，顧客特性を，来店頻度，商品Aの購買頻度・価格・時間，商品Bの購買頻度・価格・時間，……，といったきめ細やかなレベルで把握し，新規性感度，品質感度，価格感度などに応じて，コミュニケーションを行うようにする。

(2) 特典の内容と演出の連動

従来の特典は，商品購買に付随する販売促進策になりがちとなることは***1***〜***3***でも解説した。このような特典は，購買を行った顧客に対し一様に特典を提供するものが多い。

サイクルの連動では，(1)に示した顧客特性をもとに，顧客の願望状況に応じて特典の内容や演出を連動させるようにする。

例えば，

- 日用品の価格訴求に敏感な顧客が多い場合は日用品に関わるクイズを出し，店舗に来店した時に日用品の割引クーポンを発行して購買した時にも割引クーポンを発行する。
- 雑貨の新規性訴求に敏感な顧客が多い場合は雑貨の新店舗を紹介し，店舗に来店した時に雑貨の割引クーポンを発行し購買した時には景品（どの景品が当たるかわからない）や新商品購入権（次に新発売される商品の優先購入の権利）を提供する。

といった連動を行うのである。

4.2 連動の方法

(1) 顧客特性のきめ細やかな把握と想定

顧客特性をきめ細やかに把握し，

- 店舗に対する集客段階（認知，変容，納得）
- さまざまな商品に対する集客段階（認知，変容，納得）
- さまざまな商品に対する感度領域（新規性，品質，価格，タイミング）
- 特典に対する感度領域（新規性，品質，価格，タイミング）

といった観点から顧客特性を想定する。

4. 1の(1)で，顧客を，

- 疎客（認知段階）
- 並客（変容段階）
- 常客（納得段階）

に設定するとしたが，顧客特性はこれだけでは捉えきれない。

例えば，よく来店する顧客がいたとして，その店舗における購買に注目すると，一人の顧客の購買行動の中に，

- 商品A（日用品，500円位）を週に2回位の頻度で一定に購買する。
- 商品B（健康食品，3,000円位）を月に1回位の頻度で催事の時に購買する。
- 商品C（宝飾品，2万円位）を2～3年に1回位の頻度で誕生日の前に購買する。

といった3種類の購買パターンが存在したりする。このような場合，店舗から見ると，商品Aは納得段階，商品Bは変容段階，商品Cは認知段階にあると認識できる。

また，顧客特性として，

- 商品Aについては価格感度

- 商品Ｂについてはタイミング（限定）感度
- 商品Ｃについては品質感度とタイミング（限定）感度

が高いと認識できるかもしれない。

さらに，特典に対する感度は，商品に対する感度と同じかもしれないし異なるかもしれない。

このようなきめ細やかなデータをもとにした顧客特性の想定例を**表３―１**に示す。

顧客は，

- 日用品に対し新規性・品質・タイミングに関係なく価格（安さ）で購買している。
- 健康食品に対し新規性・品質・価格に関係なくタイミング（催事）で購買している。

表３―１ 顧客特性の想定例

	コミュニケーション段階	感度領域			
		新規性	品質	価格	タイミング
日用品	3	2	3	10	2
雑貨	2	2	3	2	6
宝飾品	1	3	5	1	8
・ ・ ・	・ ・ ・	・ ・ ・	・ ・ ・	・ ・ ・	・ ・ ・
ポイント	3	3	1	10	2
クーポン	2	5	2	8	5
・ ・ ・	・ ・ ・	・ ・ ・	・ ・ ・	・ ・ ・	・ ・ ・

注：コミュニケーション段階は，納得＝３，変容＝２，認知＝１
　　感度の大きさは，最大10として正規化したスコア

- 買物ポイントに対し新規性・品質・タイミングに関係なく価格（ポイントの大きさ）で享受している。
- クーポンに対し品質に関係なく価格（割引の大きさ）・新規性（新商品優待）・タイミング（期間限定）で享受している。

といった想定を行う。

⑵　感度領域にもとづくサイクルの連動

ここでは，発見喚起サイクルと願望誘発サイクルの連動をもとに解説することにする。発見喚起サイクルと願望誘発サイクルの組み合わせのイメージを**図3―4**に示す。

まず，店舗は，想定した顧客特性を踏まえ，変容段階にある商品や特典をもとに，顧客の動機（「試したい」）を発見喚起サイクルにより駆動することを試みる（図中の上半分）。この時，想定した顧客特性から感度が高いと推測される感度領域（新規性訴求，品質訴求，価格訴求，タイミング訴求などのどれか）を発見し，それに関わる体験提案と特典発信を初期的に行う。

次に，発見した感度領域を参考にして（図中①），商品や特典の中で認知段

図3―4　発見喚起サイクルと願望誘発サイクルの組み合わせ

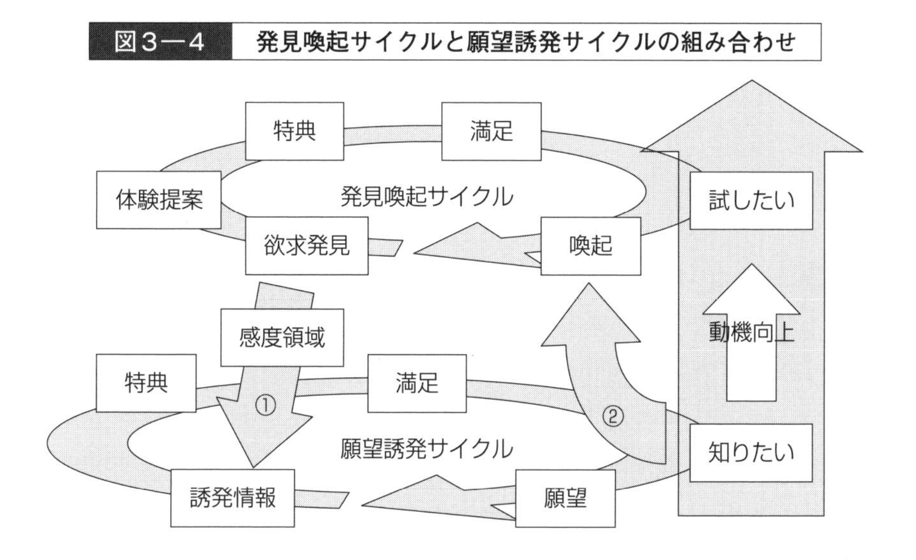

図3―5 動機の増大

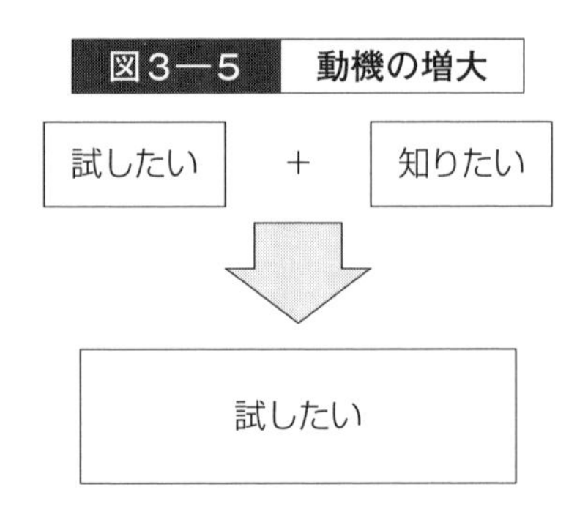

階にあるものを抽出し，それに関わる誘発情報を立案して動機（「知りたい」）を願望誘発サイクルにより駆動する（図中の下半分）。

つまり，顧客の感度が高いと推測される感度領域（図中①）の商品や特典を手がかりに，発見喚起サイクルと願望誘発サイクルを並行的に駆動し，顧客の動機（「知りたい」）を向上させ，それが顧客の喚起に変化することを目指す（図中②）。

常にうまくいくとは限らないが，感度領域が顧客の動機を刺激すると，顧客の願望は動機（「試したい」）に変化し，「試したい」+「知りたい」→大きな「試したい」となり，動機は相乗的に向上する（**図3―5**）。

同様に，関係継続サイクルと願望誘発サイクル，関係継続サイクルと発見喚起サイクルの組み合わせにおいても，顧客の感度が高いと推測される感度領域の商品や特典を手がかりに，各々のサイクルを並行的に駆動し，顧客の動機を相乗的に向上させる。これにより，顧客の購買を効率的に促進させるのである。

4.3 M-In-D サイクルの駆動による効果

数少ないコミュニケーション応答だけでは，マーケティング・コミュニケーションは的を射たものにならない。

本書が提案するのは，まず，願望誘発サイクル（M サイクル），発見喚起サイクル（In サイクル）および関係継続サイクル（D サイクル）をどんどん回すことである。次に，これらのサイクルを連動させて大きなサイクルを回し，顧客の動機を効果的に向上させる。もともとのサイクルの精度は悪くとも，少しずつ試行錯誤を繰り返すことにより精度を向上し，顧客の動機を効果的に向上させる。M-In-D のサイクルによって，顧客の心（Mind）を駆動するのである。

M-In-D サイクルの駆動により得られる効果を(1)〜(3)に示す。

(1)　試行錯誤による商品高度化

顧客は，社会的な環境の下に生活をしているのであり，社会環境が変化すると顧客特性は変化する。また，顧客は年齢や経験とともにその興味・購買領域を変化させる。そのような状況の中で，顧客特性を数少ないコミュニケーション応答だけで把握するのは非常に難しい。

M-In-D サイクルでは，認知，変容，納得の各段階において顧客個人を対象としたコミュニケーションを繰り返し，顧客特性を常に新鮮に保つようにする。店舗から顧客に何らかの働きかけを行い，店舗・商品に対し「知りたい」「試したい」「続けたい」という何らかの動機を顧客に発信してもらうという試行錯誤を繰り返すことにより，顧客特性を精緻に把握し，店舗と顧客の関係を深めた生活シナリオを提案する。

結果として，このようなコミュニケーションの試行錯誤を通じて，顧客は自らの欲求に応じた商品を享受できるようになり，豊かな生活を獲得できるようになる。

(2)　関係を深める顧客の裾野の拡大

従来のマーケティング・コミュニケーションでは，マス（不特定多数）→セグメント（顧客層）→顧客個人，とコミュニケーション対象を絞り込み，絞り込んだ優良顧客との関係を強化するという流れであった。つまり，認知→変容→納得の流れで顧客との関係を深めた（**図3−6**）。

M-In-D サイクルでは，これらの流れに加え，顧客個人とのコミュニケーショ

図3―6　従来のマーケティング・コミュニケーションの流れ

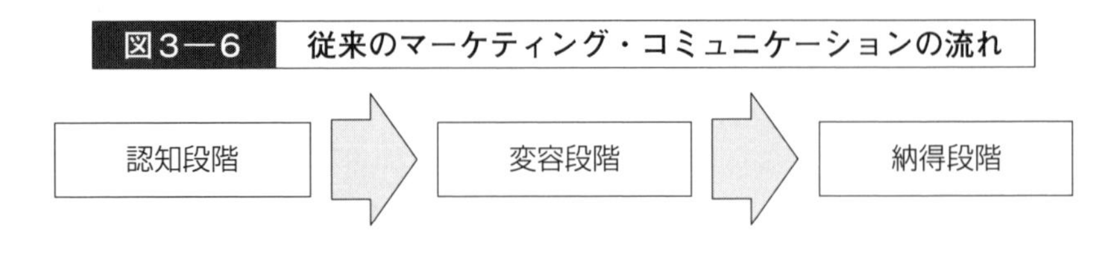

図3―7　提案するコミュニケーションの流れ（サイクル）

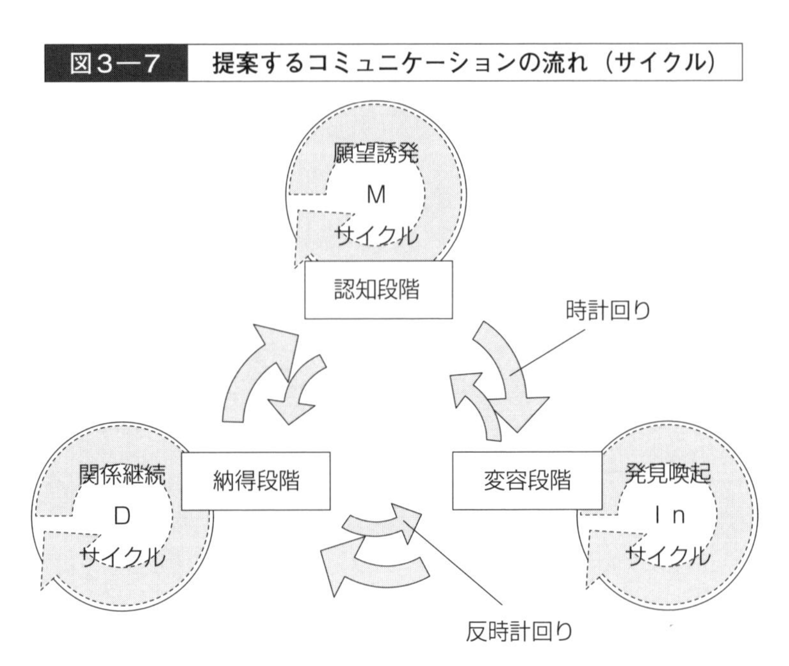

ンを起点として，関係継続（顧客が店舗で商品を購買し続ける）を深め，それを手がかりに，店舗での体験を通じた（変容）コミュニケーションにより顧客と店舗との関わりを深める機会を広げるようにする。そして，顧客自らがメディア接触し店舗に願望を発信する（認知）コミュニケーションにより顧客と店舗との関わりを深める機会をさらに広げてゆく，といったように納得→変容→認知の流れでも顧客との関係を深めてゆく。

このようなマーケティング・コミュニケーションの流れのイメージを，**図3―7**に示す。

●時計回りの流れ：今まであまり店舗と関係しなかった顧客が，店舗との関係を深めてゆく。

（認知→変容→納得→認知→……の流れ）

- 反時計回りの流れ：店舗と特定の商品のみで関係していた顧客が，さまざまな商品において店舗と関係する機会が増えてゆく。

（納得→変容→認知→納得→……の流れ）

という両方の流れを駆動する。この大きなサイクルの流れを駆動するのが，願望誘発サイクル（M サイクル），発見喚起サイクル（In サイクル）および関係継続サイクル（D サイクル）である。

結果として，徐々に店舗と関係を深める顧客の裾野が広がる。

(3)　顧客のパーソナルニーズの発見

顧客からのコミュニケーション行動を把握するためには，デジタルメディア（インターネット，電子メール，POS レジなど）による顧客データ蓄積が適している。ただし，顧客は常に変化し続けるものであり，デジタルメディアだけでパーソナルニーズや感性を捉えきることはできない。また，バーチャルメディア（電子店舗など）だけで顧客に店舗・商品の良さ（効果，感性など）を伝えきることはできない。

M-In-D サイクルでは，店舗と顧客との関わりを深めるためにリアルメディアを活用するようにする。デジタル（あるいはバーチャル）とリアルのコミュニケーションを組み合わせ繰り返すことにより，顧客の左脳（論理性）と右脳（直感性）の両面に対して商品を提案する。

結果として，顧客は自らの潜在ニーズを発見あるいは再発見できるようになり，それに応じた商品を享受することができるようになる。

Part 2

実 践 編

第4章
願望誘発サイクルの実践

第5章
発見喚起サイクルの実践

第6章
関係継続サイクルの実践

第7章
M-In-D サイクルの連動と効果

第4章

願望誘発サイクルの実践

第３章では，M-In-D サイクル・マーケティング・コミュニケーションを促進する方法について解説した。

本章では，メールマガジンとネットクーポンによるサービス提供事例にもとづき，M-In-D サイクル・マーケティング・コミュニケーションにおける願望誘発サイクルの実践を紹介する。

1 実践の考え方

1.1 認知段階における集客の現状

(1) 顧客の紙離れ

認知段階におけるコミュニケーションは，店外にいる顧客とのコミュニケーションであり，従来，マスメディア（テレビ，新聞など）が活用され，小売業界では，チラシ，ダイレクトメール（DM）など，紙媒体のセールスプロモーション（SP）メディアがその役割を担ってきた。

近年，インターネット，スマートフォンを筆頭とする携帯情報端末などの普及により顧客の紙離れが加速し，紙媒体による集客では，客足を維持していくことが難しくなってきている。

(2) インターネットを利用した情報サービスの現状

紙媒体を補うものとしてメール，ホームページ，ソーシャルメディアなど，インターネットを利用した情報サービスの活用が行われている。

インターネットを利用した情報サービスは，コンテンツを配送する際の物理的コストや時間的ロスを省くことができるため，圧倒的に安価なコストで迅速に情報を配信できる。仮にインターネットを利用した情報サービスによって，SP メディア並みの集客力を確保できたとしたら，情報を配信する店舗のメリットは計り知れない。

しかし，インターネットや携帯情報端末の利用者が増加の一途を辿っているにもかかわらず，インターネットによる情報サービスを集客に活用できている店舗はそれほど多くない。その理由は，従来の SP メディアがプッシュ型メディアであるのに対し，インターネットがプル型メディアであるからである。

プル型メディアは，顧客に情報を取りにきてもらえないと情報を配信することができない。インターネットによる情報サービスを集客に活用するためには，顧客自らが情報を取りにくるような仕掛けが必要となる。

1.2 実践のポイント

顧客自らが情報を取りにくるようにするために，情報を知らない顧客は損をするという状況を作り出す願望誘発サイクルを回す。

インターネットを利用した情報サービスにおける願望誘発サイクルの実践のポイントを(1)～(4)に示す。

(1) 誘発情報の継続的立案と迅速な発信

顧客が「知りたい」と思う情報は，例えば，

- 目玉商品
- 催事

など，集客ネタ（話題）や集客アイテムと呼ばれるものである。これらに対して顧客が魅力的と感じるかどうかは，顧客が受信するタイミングに依存する。これらを絶えず立案し，迅速かつタイミング良く発信し続けることにより，顧客の願望を誘発する。

(2) 「知っている」顧客だけへの特典提供

特典は，例えば，

- 特定の商品を割安で購買できる
- 特定の商品を優先的に購買できる

といったものである。顧客に「知らないと損をする」と思わせるために，「知っている」顧客だけに魅力的な特典を提供する。ただし，特典を過分に提供しないようにコントロールすることが必要である。

⑶ 「知りたい」の駆動と伝播

顧客が誘発情報や特典に何らかの満足（メリット）を感じるように，誘発情報や特典の内容や提供プロセスに楽しめる演出を施す。

また，インターネットによる情報サービスの利用者を増やすために，情報サービスの存在を知らない人に対して，店頭においても，チラシ，ポスターなどの従来メディアも活用して訴求し，特典を十分にアピールする。

⑷ 容易なメディア接触環境

さまざまな顧客がメディアに接触しようとしても，

- 煩わしい操作を強いる
- 待たせる

といったことがあると，新たな顧客を獲得できなくなってしまう。情報サービスへの登録手続きに極力手間や時間をかけさせないようにし，容易なメディア接触環境を整備する。

2　メールマガジンによる実践

2.1　メールマガジンの課題

インターネットを利用した情報サービスで最も一般的なものは，メルマガの通称で親しまれているメールマガジンである。メールマガジンは，手軽さから，多くの店舗が配信している。

しかし，その大半が集客メディアとして活用できるほど読者を増やすことができていない。

仮に読者を増やせたとしても，読者の興味を惹きつける話題を提供し続けることは並大抵のことではなく，読んでもらえなくなってしまうメールマガジンも多くある。

また，近年，携帯電話や固定電話を契約している電話会社を変更しても電話番号を変更しないで済むナンバーポータビリティ制度が導入された。番号持ち運び制度とも呼ばれるこの制度によって電話番号は持ち運べるようになったが，メールアドレスは電話会社のサービスに依存するため持ち運ぶことができない。この制度が浸透し利用者が増えるにつれて，メールアドレスが変更されることが多くなり，メールを送信できなくなってしまうという問題も抱えている。

このような課題を踏まえ，メールマガジンの読者向けサービス「メールでタメール（PFU登録商標）」の事例を通して願望誘発サイクルの実践を紹介する。

2.2　サービス利用イメージ

メールでタメールは，メールマガジンの読者に登録した顧客を対象にクイズを出題し，店頭設置型の情報端末である情報キオスクにクイズの回答を登録し

図4—1 メールでタメールのサービス利用プロセス

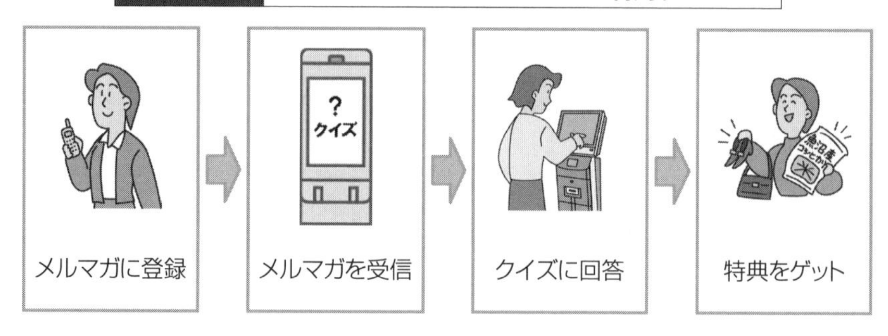

図4—2 クイズの出題イメージと回答入力画面のイメージ

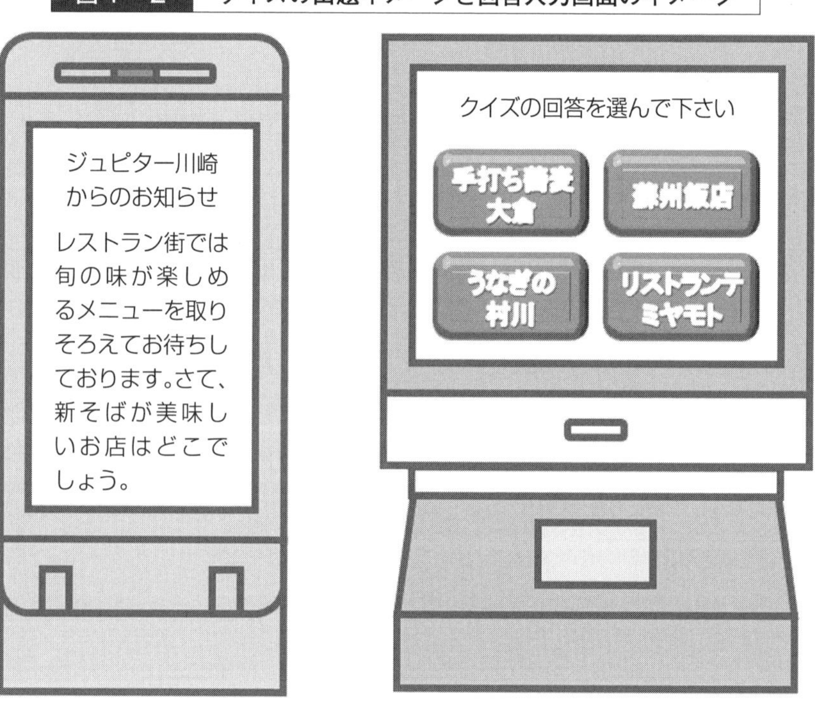

てもらい，正解した顧客だけにポイントや商品の割引券（クーポン券）などの特典を提供するサービスである。

メールでタメールのサービス利用プロセスを**図4―1**に示す。

顧客は，

① 空メールを送信するなどしてメールマガジンの読者に登録する。

② メールマガジンでクイズを受信し，クイズの内容を確認する。

③ 情報キオスクにポイントカードを読み込ませて，クイズの回答を入力する。

④ 正解した場合，ポイントやクーポン券などの特典を受け取る。

といったプロセスで利用する。

図4―2にクイズの出題イメージと回答入力画面のイメージを示す。

2.3 システム導入イメージ

メールでタメールを提供するシステムは，メールマガジンを配信するメールサーバー，クイズの回答を受け付ける店頭設置型の情報端末である情報キオスク，そして情報キオスクを管理するプロモーションサーバーにより構成される。システム導入イメージを**図4―3**に示す。

(1) メールサーバー

メールサーバーは，メールマガジンの読者を管理し，文中にクイズが掲載されたメールマガジンを配信する。

(2) 情報キオスク

情報キオスクは，ポイントカードなどにより読者を認識し，プロモーションサーバークイズに回答済みか未回答かについて照会する。未回答である場合，クイズの回答を受け付け，回答の正誤を判定する。

(3) プロモーションサーバー

プロモーションサーバーは，情報キオスクにクイズの問題を配信し，クイズ

図4－3 システム導入イメージ

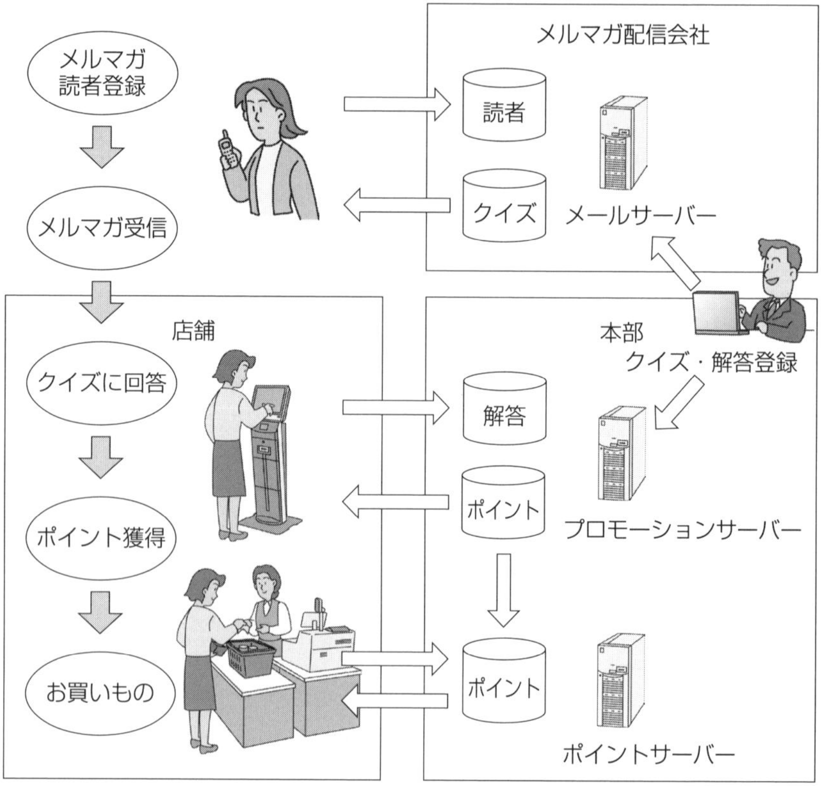

メルマガ配信会社
メルマガ読者登録
読者
メルマガ受信
クイズ
メールサーバー
店舗
本部
クイズ・解答登録
クイズに回答
解答
ポイント獲得
ポイント
プロモーションサーバー
お買いもの
ポイント
ポイントサーバー

の回答結果を収集し蓄積する。回答結果を蓄積しておくことにより，クイズに回答済みか未回答かを判断できるようにして，特典を過分に提供することを防止する。

また，蓄積した情報からクイズに正解した顧客の情報を抽出し，特典付与対象者としてポイントサーバーに送信する。

(4) ポイントサーバー

ポイントサーバーは，個々の顧客が所有するポイント残高を管理する。プロモーションサーバーから送信された特典付与対象者に対してポイントを加算する。

2.4　願望誘発のメカニズム

メールでタメールによる願望誘発サイクルを**図4―4**に示す。本書が提案するのは，(1)～(4)を組み合わせ，サイクルとして回すことである。サイクルの繰り返しが，願望誘発のメカニズムとなっている。

(1)　クイズの継続的立案と発信

クイズは，顧客に訴求したい内容を設問や解答に埋め込む形式をとり，訴求したい内容を確実に印象付ける表現にしている。店舗や商品製造会社が容易に作成でき，メールマガジンの話題を発信し続けられるようにしている。

(2)　クイズ正解者への手厚い特典提供

メールマガジンの読者を主体とする正解者にのみ特典を提供し，読者になる動機を醸成する。

また，メールマガジンの活用により，低コストで情報を配信できるようになる。削減したコストの一部を顧客への特典に分配することにより，従来型販促に比べて魅力ある特典を提供する。

(3)　クイズ参加者に対する「知りたい」の駆動と伝播

クイズ形式をとることにより，メールマガジンの読者の知的好奇心をくすぐる。

また，メールマガジンの読者ではない人にも店頭でクイズに回答できるようにしている。メールマガジンの読者でなければ，クイズの内容を予め知ることができないため，クイズ回答が不正解となる場合が多い。メールマガジンの未読者に，あえて不正解（ハズレ）させることにより，クイズを「知らないと損をする」動機を作り出す。これにより，新規のメールマガジンの読者を獲得し，

図4―4 メールでタメールによる願望誘発サイクル

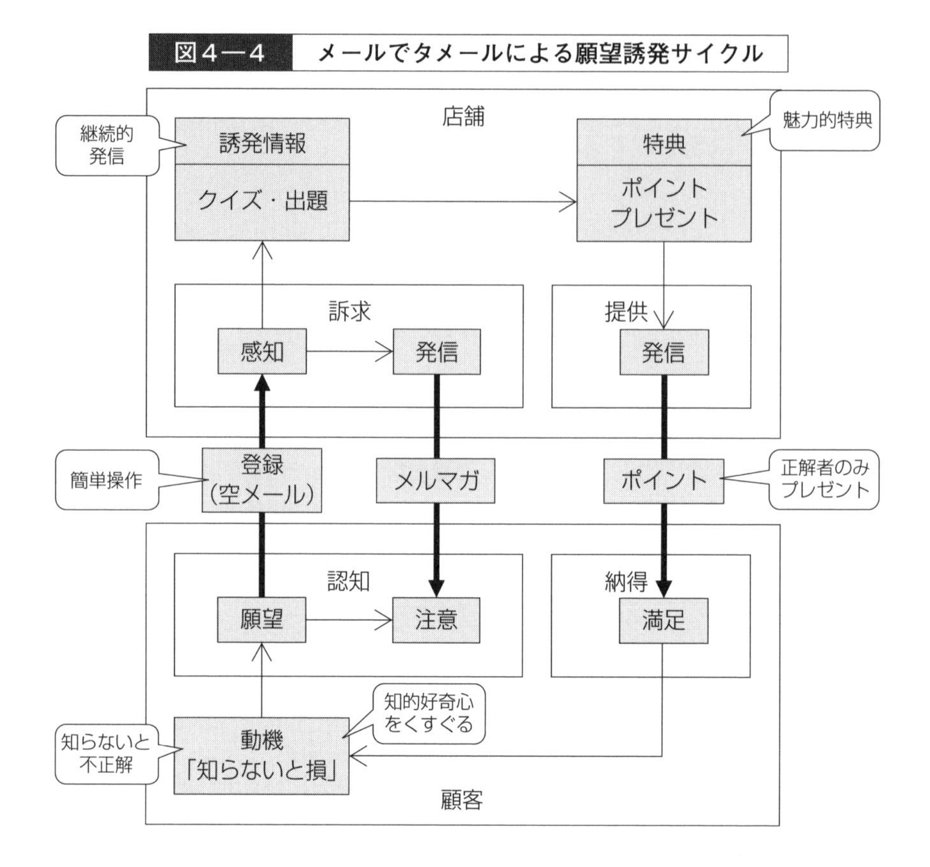

契約する電話会社を変更しメールアドレスが変わってしまった顧客についても，新しいメールアドレスを登録してもらえるようにする。

⑷ 簡単な操作による読者登録

読者の情報とポイントカード会員の情報を紐付ける必要がないため，メールマガジンの読者に登録する際の手続きを，例えば，空メールを送るだけといったように，極めて簡単な操作で済ませられる。

2.5 誘発情報（クイズ）の例

催事，店舗，商品などに関わるクイズを出題することにより，顧客に訴求した内容を確実に認知させる。特に一番伝えたいことをクイズの解答にしておくことにより，確実に認知させる。以下にクイズの例を示す。

① バーゲン訴求

クイズに答えてポイントゲット！　入学シーズンを迎えて今年も毎年恒例のバザールを開催します。そこでクイズです。4月から開催される毎年恒例となっているバザールは何というでしょう。

A．ブロッサムバザー

B．神奈川県民祭

C．スプリングバザール

D．あじさい祭り

② イベント訴求

10周年を記念して大感謝祭を開催します。催しもの会場では全国から選りすぐりの美味しい物を集めてお待ちしております。そこでクイズです。全国から集めた美味しい物とは何でしょう。

A．全国有名駅弁

B．有名ホテルのスイカ

C．全国お取り寄せグルメ

D．ご当地食べるラー油

③ サービス訴求

横浜市にお住まいのポイントカード会員様だけに新しいサービスを始めました。午後3時までにネットからご注文いただければ，商品をお客さまのお宅までその日のうちにお届けするサービスです。そこでクイズです。この新しい宅配サービスの名前は何というでしょう。

A．お届けサービス

B．ネットでゴー

C．お宅便

D．韋駄天サービス

④ トレンド訴求

やっぱりパンは焼きたて。中でも天然酵母で発酵させたパンは香りも良くて美味しいですよね。そこでクイズです。当館地下食品売場で大人気の天然酵母が自慢の焼きたてパン屋さんの名前は何でしょう。

A．ベーカリーひまわり

B．パン工房ピッコロ

C．東欧

D．三代目藤本製パン

⑤ 新店訴求

この４月から当館４階にニューヨークの最新ファッションをお届けする新しいお店がオープンします。そこでクイズです。この新しいお店の名前は何というでしょう。店頭のキオスクにポイントカードを入れ，クイズに答えて正解するとポイントがもらえます。ご来店を心からお待ちしています。

A．ブロンクス

B．ブルックリン

C．マンハッタン

D．スタテンアイランド

⑥ 季節訴求

カツオが美味しい季節がやってきました。お魚を美味しくいただくためのポイントは，やはり鮮度。そこでクイズです。当館のレストラン街にある鮮度が自慢の回転寿司のお店の名前は何でしょう。

A．四万十川食堂

B．海鮮中華揚子江

C．横浜西洋軒

D．魚河岸太平洋

⑦　メニュー訴求

ご存じ当館９階の大人気店リストランテサカタにてシェフの自信作がランチメニューで登場です。そこでクイズです。リストランテサカタの新しいランチメニューの名前は何というでしょう。店頭のキオスクにポイントカードを入れ，クイズに答えて正解するとポイントとお得なランチクーポン券を差し上げます。ぜひこの機会にご賞味ください。

A．絶品アサリのパスタ

B．季節のきのこパスタ

C．海の幸ドリア

D．窯焼きモッツァレラピッツァ

⑧　メーカー協賛

日本清涼飲料株式会社より，暑い夏をぶっ飛ばす新感覚飲料が発売されました。そこでクイズです。この新しく発売された清涼飲料の名前は何というでしょうか。クイズの回答は店頭のキオスクで受け付けています。クイズに正解された方の中から抽選でこの夏を涼しく過ごせる素敵なグッズをその場でプレゼントします。どしどし参加してください。

A．超炭酸サイダー

B．レモン100

C．スパークソーダ

D．スーパーミネラル

2.6 特典の提供例

クイズの正解者に提供する特典は，ポイントの他に，商品の引換券や割引券といったクーポン券，福引や抽選への参加権などがある。

(1) クーポン券による特典の提供

単に特典を提供するだけでなく，クイズで出題した店舗や商品の購買に利用できる割引券を特典として提供することにより，店舗への集客を促進する。

(2) 福引や抽選への参加権による特典の提供

福引や抽選によって，顧客ごとに提供する特典を加減することにより，特典の提供コストを増やすことなく，より魅力的な特典を提供する。

例えば，**図４―５**では，草むらに隠れている動物によって提供するポイントを加減できるようにしている。図４―５の上図は，顧客に提示する抽選結果画面，下図は，提供するポイントの設定画面を示している。

図４－５　抽選画面

アトラクション
草むらに動物がかくれています。草むらをタッチしてください。
50ポイント

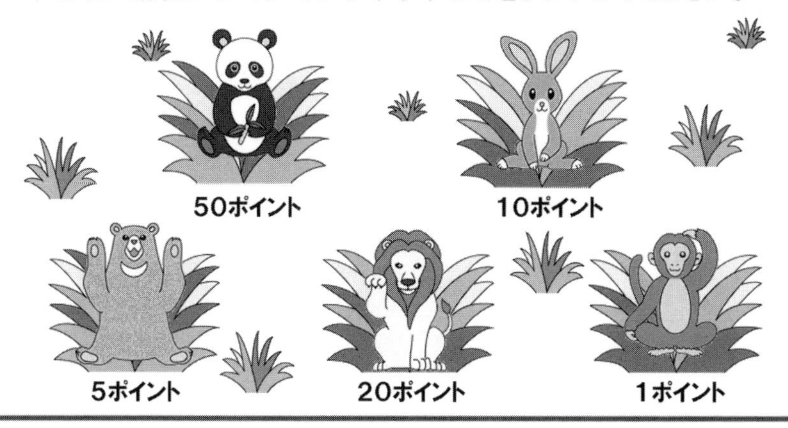
アトラクション
草むらに動物がかくれています。草むらをタッチしてください。
50ポイント
10ポイント
5ポイント
20ポイント
1ポイント

2.7 京急ショッピングプラザ「ウィング」における導入事例

(1) サービス導入の背景

京浜急行電鉄株式会社は，交通事業を中心にさまざまな事業を展開しており，沿線住民を対象とした顧客サービスの一環として京急プレミアポイントサービスを提供している。京急プレミアポイントは京急グループの各企業が運営する店舗や施設を利用すると付与される。

京浜急行電鉄株式会社では，京急プレミアポイント会員向けのメールマガジンである「京急ポイントため～る」を配信し，京急プレミアポイントによるサービスを広めていきたいと考えていた。

(2) サービスの効果

京急グループの株式会社京急ショッピングセンター（サービス提供当時）は，メールでタメールを「クイズでため～る」（**図4―6**）として，運営するウィングでおよそ半年間導入した。ウィングは京急沿線に4店舗展開しており，「クイズでため～る」をそのうちの新橋店，高輪店および久里浜店の3店舗で実施し，5回にわたってサービスを提供した。

「クイズでため～る」は，これまで実施してきたメールマガジンの1.5倍～2倍の反応率を獲得している。また，サービスの提供期間中に，クイズに不正解だった顧客の一部を新規メルマガ会員として取り込むことに成功した。

図４−６　クイズでため〜るのポスター

画像提供：京浜急行電鉄株式会社

3 ネットクーポンによる実践

3.1 ネットクーポンの課題

インターネットを活用した情報サービスでメールマガジンに次いでポピュラーなのがネットクーポンである。ネットクーポンは，電子クーポン，携帯クーポン，モバイルクーポンなどさまざまな名前で呼ばれている。いずれも携帯端末をクーポン券として利用できるようにしたものであり，携帯端末の画面にクーポン券の画像を表示するものや，携帯端末にクーポン券の情報をダウンロードするものなどがある。

ネットクーポンもメールマガジンと同様に，圧倒的に安価なコストで情報を配信できるというメリットがあり，紙媒体によるクーポン券に代わるものとして，さまざまな店舗がネットクーポンを提供するようになっている。

しかし，ネットクーポンを提供している店舗の多くは思うように顧客を増やすことができていない。その原因は，ネットクーポンを入手したり，使用したりする際の使い勝手の悪さにある。クーポン情報をダウンロードさせたり，アプリケーションを起動してクーポン情報を読み込ませたりするなど，顧客に煩わしい操作を強いることが多く，使いこなせない顧客が多いからだ。

仮に顧客を集められたとしても，クーポン券を継続的に配信していくための集客アイテム，すなわち，特典を確保していくことが難しく，せっかく安価な配信手段を得られたにもかかわらず，集客機会を拡大できないという問題も抱えている。

このような課題を踏まえ，多くの実績を持つネットクーポンサービス「リモーション」の事例を通して願望誘発サイクルの実践を紹介する。

3.2 サービス利用イメージ

リモーションは，株式会社リアリットが提供するネットクーポンサービスであり，メールで配信されたクーポンを店頭に設置された情報キオスクで受け取れるサービスである。

リモーションのサービス利用プロセスを**図4―7**に示す。

顧客は，

① 空メールを送信するなどしてネットクーポンサービスの利用登録をする。

② 送られてくるメールを見て，受け取れるクーポンを確認する。

③ 来店し情報キオスクでクーポン券を発行する。

④ 売り場でクーポン対象商品を購入しクーポン券による特典を受け取る。

といったプロセスで利用する。

図4―8にリモーションのサービス利用場面を示す。

図4―7　リモーションのサービス利用プロセス

図4—8 リモーションのサービス利用場面

筆者撮影　撮影協力：株式会社ププレひまわり

3.3 システム導入イメージ

リモーションを提供するシステムは，ネットクーポンおよびクーポンの配信状況を顧客に知らせるリモーションサーバー，そして配信されたクーポンを発行する情報キオスクにより構成される。

システム導入イメージを**図4—9**に示す。

(1) リモーションサーバー

リモーションサーバーは，ネットクーポンサービスを一元的にコントロールする。

新規顧客の利用登録を受け付け，登録されたクーポン情報を情報キオスクに

図４—９　システム導入イメージ

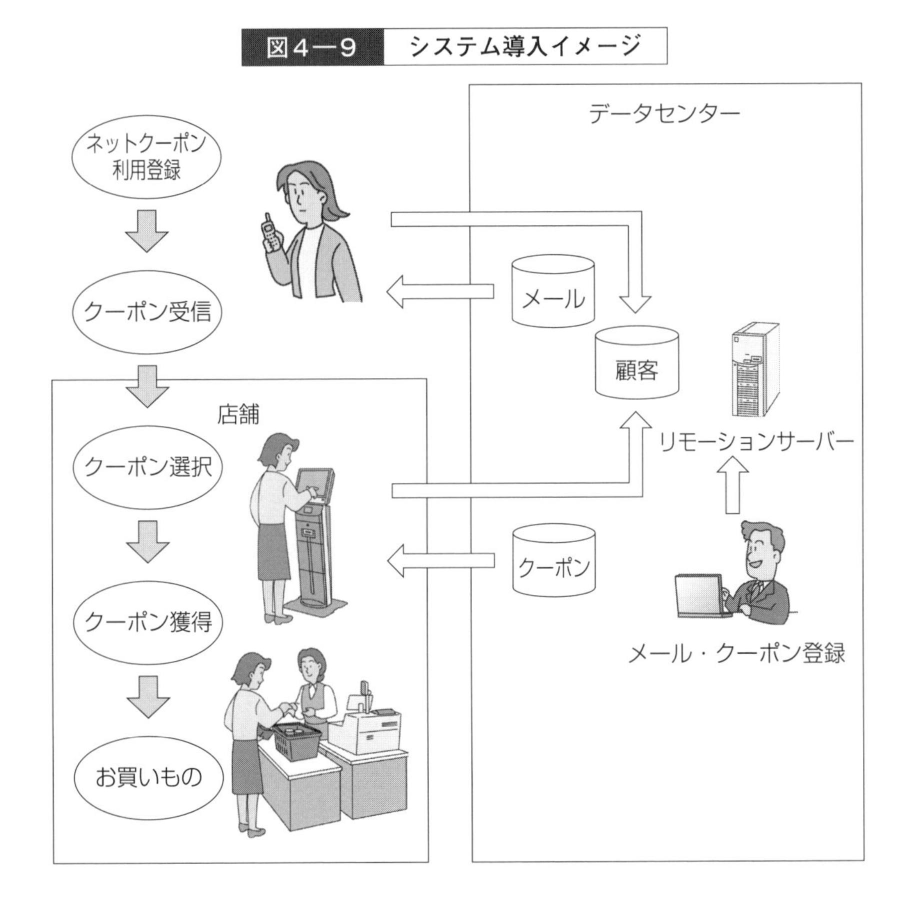

配信し，クーポンの配信状況を通知するためのメール文を作成し顧客に通知する。また，顧客にクーポン券を過分に提供しないようにクーポンの発行情報を管理する。

(2)　情報キオスク

情報キオスクは，顧客の携帯端末の画面に表示されたバーコードを読み取り，顧客を特定する。そして，クーポンサーバーに問い合わせて，その顧客が利用できるクーポン券をクーポンメニュー画面に表示し，顧客が選んだクーポンを発券する。

3.4 願望誘発のメカニズム

リモーションによる願望誘発サイクルを**図4―10**に示す。本書が提案するのは，(1)~(4)を組み合わせ，サイクルとして回すことである。サイクルの繰り返しが，願望誘発のメカニズムとなっている。

(1) ネットクーポンの迅速な発信

チラシ，ダイレクトメールなどの従来メディアは，製作に時間を要するため，顧客に情報を伝えるまで相当な時間を必要としていた。ネットクーポンは，デ

図4―10 リモーションによる願望誘発サイクル

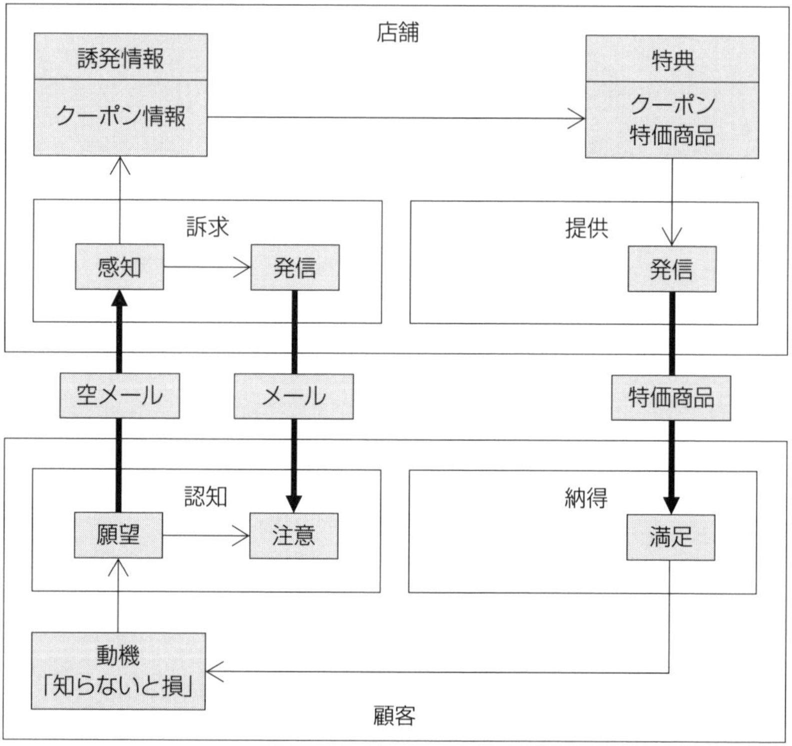

ジタルメディアが持つ配信スピードを活かし，朝市場で仕入れたもの，昨晩テレビで話題になったものなど，従来メディアでは発信することが難しかった新鮮な情報をタイミング良く発信する。

⑵　持続可能な特典提供

利用者に特典を提供し過ぎると利益を損ない，特典を提供し続けることができなくなる。特典を過分に提供しないようにし，特典の提供を持続可能とする。

リモーションは，クーポン券の発行枚数をコントロールできるようにしているため，例えば，

- １人１枚
- 先着限定
- 複数枚の中から好きなものを１枚

など，販促費をコントロールしながら特典を提供する。

⑶　店頭における「知りたい」の伝播

店頭でクーポン券による特典を明確に訴求することにより（**図４—11**），「クーポン券を使うとさらに得をする」という状況を作り出し，ネットクーポンを利用していない顧客に「知りたい」を伝播させる。

⑷　簡単な操作による利用

リモーションは，空メールを送信するだけで，ネットクーポンサービスを受けられるようにしている。さらにクーポン券の利用の際にも，メールからのリンクを押すだけで，携帯端末上にバーコードを表示させることができ，そのバーコードを情報キオスクにかざすだけでクーポン券を受け取れるようにしている。また，紙のクーポンも発行することで，利用の際に確認に手間取ることがないようにしている。

図4—11 POPによる「知りたい」の伝播

筆者撮影 撮影協力：株式会社ププレひまわり

3.5 クーポンの運用例

デジタルメディアが持つ配信スピードを活かすことにより，利用者に魅力的な特典を提供する。以下にクーポンの例を示す。

① とれたてクーポン

青果，鮮魚など，実際に買い付けてみないと販売できる量や価格を決められない商品を集客に活用したクーポンである。製作に相当な時間を要するチラシなどの従来メディアでは，集客に活用していくことが難しかった商品を集客に活用することにより，集客機会を拡大する。

②　限定クーポン

売れ残り品，訳あり品など，数量に限りがある商品を集客に活用したクーポンである。これまで，処分品として大幅な値引きをして販売していた余剰在庫や訳あり品を集客に活用することにより，ロスを削減し，集客コストを削減する。

③　お試しクーポン

メーカーから提供される試供品やグッズなどを集客に活用したクーポンである。これまでおまけとして配布していたものを集客に活用することで集客コストを削減する。

④　売れ筋クーポン

テレビや雑誌で話題になった商品など，その時々に売れている商品や流行している商品を集客に活用したクーポンである。話題になった商品をいち早く発信していくことにより，トレンドに敏感な顧客の来店を促す。

⑤　対抗クーポン

ライバル店より安い値段をつけた商品で集客を促進するクーポンである。朝刊に折り込まれたチラシなどで，ライバル店の価格を確認してから，値引き額を決めることにより，値引きのし過ぎによる損失を防止し，価格競争に遅れをとったことによる集客機会の損失を低減する。

3.6　ププレひまわりにおける導入事例

(1)　サービス導入の背景

ププレひまわりは，広島県福山市を本拠地として中国地方に121店舗のドラッグストアを展開している（**図４―12**）。2009年に薬事法が改定されたことによって，一部の薬がスーパーやコンビニでも買えるようになり，ドラッグス

図4—12 ププレひまわりの店舗写真

筆者撮影　撮影協力：株式会社ププレひまわり

トアでは，これらの店舗と差別化していくことが課題となっていた。ププレひまわりは，顧客サービス強化の一環として，店頭に大型の情報キオスクを置いてサービスを提供するモバイルクーポンサービス「ひまわりクーポンぽんっ！」の提供を開始した。これは，全国に数多くあるドラッグストアチェーンの中でも先駆けとなる事例である。

(2) サービスの効果

「ひまわりクーポンぽんっ！」は，サービス導入後わずか1年間で11万人を超えるメールマガジンの読者の獲得に成功し，現在，「ひまわりメール会員サービス」として運用されている。また，電子マネーカードおよびポイントカードとして「ひまわりカードプラス」の運用を開始し，お得なクーポンなどの特典を提供する携帯サイト「ドラポン！」と連携して顧客サービスの強化に努めている。これらは，チラシやフリーペーパーなどの従来型メディアに匹敵する高い集客力を有しており，デジタルメディアによる新たな集客システムの構築に成功した。

《参考文献》

京浜急行電鉄株式会社ホームページ「KEIKYU WEB」
http://www.keikyu.co.jp/
株式会社ププレひまわりホームページ
http://www.himawarinews.com/
株式会社リアリットホームページ
http://www.realit.co.jp/

第5章

発見喚起サイクルの実践

第４章では，願望誘発サイクルの実践を紹介した。

本章では，フットケアと衣服試着によるサービス提供事例にもとづき，M-In-D サイクル・マーケティング・コミュニケーションにおける発見喚起サイクルの実践を紹介する。

1 実践の考え方

1.1 変容段階における集客の現状

(1) 従来の店舗づくりとオンラインによる通信販売の台頭

変容段階におけるコミュニケーションは，顧客が店舗に来店し，買い回りをしている段階におけるコミュニケーションであり，従来，マーチャンダイジング（MD）におけるインストアプロモーションがその役割を担ってきた。

インストアプロモーションでは，来店した顧客により多くの商品を買ってもらうために，「これ良いかもしれない」とか「おっといけない」といった気づきを与えることにより，衝動買いの促進，買い忘れの防止に努めてきた。これらの気づきは，主に顧客の視覚に訴えかける方法がとられ，POP などの店内広告や商品の陳列に工夫をこらすなどが行われてきた。

しかし，このような視覚に訴える店舗づくりは，オンラインによる通信販売，いわゆるネット通販の台頭にともない，客足を維持してゆくことが難しくなってきている。

(2) ネット通販の現状

インターネットの普及とともに，価格競争力を強みとして，電子店舗販売によるネット通販が大きな躍進を遂げている。当初，商品の配送にかかる費用と時間を課題としてきたが，近年，宅配サービスの低料金化とスピード化により，実店舗の売り上げを奪う勢いとなっている。

しかし，技術革新により，商品自体の品質に差が無くなりつつある現在，ネット通販は，どうしても価格過当競争に陥る傾向がある。ネット通販では，ディスプレイを介してしか顧客とコミュニケーションすることができないため，商品の魅力を顧客に伝え，顧客に気づきを与えるために，視覚や聴覚に訴えかける方法がとられるが，顧客のパーソナルニーズや気づきを十分に引き出している店舗はそれほど多くない。顧客の視覚や聴覚のみならず，触覚，味覚，嗅覚などの感覚や，体型，体力，体調などの身体機能に働きかける場，すなわち体験する場を構築し，パーソナルニーズや気づきを引き出せる店舗づくりが必要と考える。そのためには，視覚と聴覚以外の感覚に働きかける体験を顧客に推奨し，顧客自らが実店舗に体験しにくるような仕掛けが必要となる。

1.2　実践のポイント

顧客自らが実店舗に体験しにくるようにするために，体験しない顧客は損をするという状況を作り出す発見喚起サイクルを回す。

実店舗での体験サービスにおける発見喚起サイクルの実践のポイントを(1)〜(3)に示す。

(1)　実店舗ならではの体験提供と発見喚起

「気づき」の提供は，顧客は自覚していないが顧客にとって有益な情報を提供することである。実店舗の強みを活かした「気づき」の提供方法を見出していく。

「気づき」の提供の一つとして，顧客自身が知りえないパーソナル情報にもとづくカウンセリング情報や疑似体験の提供がある。

例えば，

- 足の重心バランス
- 栄養状態
- 緊張度

といったように，一般的に流通している機器では測定することができないパーソナル情報にもとづき，

- 重心バランスに合った靴の体験

- 栄養状態に合った健康食品の販売支援

といった体験サービスを提供したり，

- 体型
- 顔

といったパーソナル情報にもとづき，

- 自分に合っているかどうかを等身大で確認
- 今まで着たことがないような衣服・眼鏡などを試着

といった体験サービスを提供する。

このように実店舗でしか体験できないサービスを提供し続けることにより来店を促進する。そして体験サービスにもとづいて，顧客の発見（気づき）を喚起する。

(2) 「試した」顧客への特典提供

顧客に「試さないと損をする」と思わせるに十分な特典を提供する。試さないと損するという動機を形成していくために，「試した」顧客に経済的な特典（割引クーポン，買物ポイントなど）だけでなく，日常の生活の中で体験できない，知りえない情報などを提供していく。

(3) 顧客の状況に配慮した体験環境の提供

体験サービスによって発見されるニーズは，店舗と顧客の接客をきっかけとして喚起される場合がある。体験サービスの内容を丁寧に説明し，顧客の意見を引き出す場の配慮が必要である。

一方，体験サービスによって提供される情報は，顧客本人も知りえない情報であり，他人に知られたくない情報である場合もある。情報の提供にあたっては，他人の目に触れないようにするために，素早く，簡単に利用できるようにし，セルフサービスで提供できるようにしておく配慮も必要である。

2　フットケアサービスによる実践

2.1　フットケア商品の課題

生涯現役志向の高まりや定年年齢の引き上げによって働く高齢者が増加している。しかし，老化による身体能力の低下は避けて通れるものではなく，中でも下半身の衰えからくる足の痛みやむくみなど，いわゆる足のトラブルに悩む高齢者が急増している。

足のトラブルは，放置しておくと下半身のみならず腰痛，さらには上半身にまで影響を及ぼすこともあり，特に立って仕事をすることが多い人にとっては深刻な悩みを抱える人も多くいる。また，近年の健康志向の高まりとともに，ウォーキングやトレッキングを楽しむ人が増えており，フットケアへの関心は高まる一方である。

このような市場のニーズを受けて，多種多様なフットケア商品が流通するようになり，店舗の売り上げを伸ばす大きなチャンスとなっている。

足のトラブルは，踵(かかと)の痛み，つま先の痛み，膝の痛みなどさまざまであるが，その多くが足への体重のかかり方，つまり重心の位置に原因があるとされている。しかし，自分の重心位置は自覚できるものではなく，自分の症状に合ったフットケア商品を探し出すことを難しくしている。

フットケア商品の販売を伸ばしていくためには，足のトラブルの症状にあったフットケア商品を選び出すことがポイントである。

このような課題を踏まえ，フットケアサービス「フットナビ」による事例を通して発見喚起サイクルの実践を紹介する。

2.2 サービス提供イメージ

フットナビは，圧力センサーによって足の裏への体重のかかり具合を測定することにより，顧客にフットケアに関するレポートを提供するとともに，顧客にあったフットケア商品を推奨するシステムである。フットナビシステムの利用場面を**図5―1**に示す。

顧客は，

① 靴を脱いで足を揃えて圧力センサーに乗る。

② 足の裏の体重のかかり具合を測定する。

③ 測定した結果にもとづきフットケア商品を選び出す。

④ 出力された測定結果および選び出したフットケア商品をレポートとして

図5―1 フットナビシステムの利用場面

筆者撮影

図5―2　フットナビの操作画面

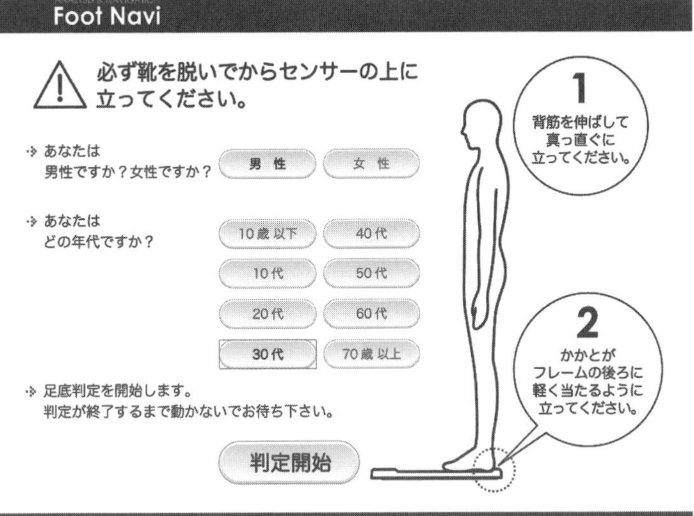

画像提供：株式会社コンフォートラボ

図5―3　フットナビの出力画面

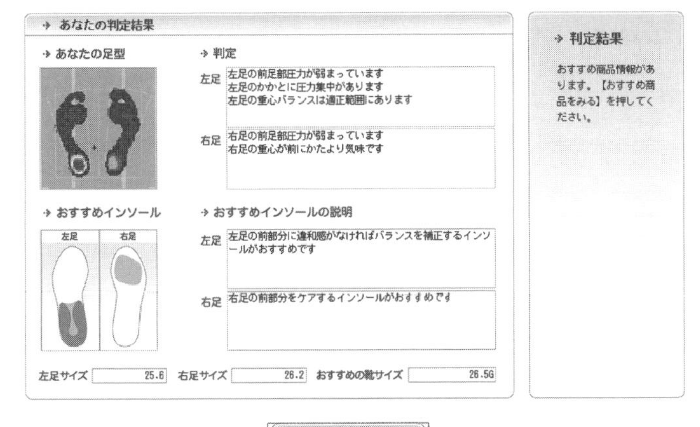

画像提供：株式会社コンフォートラボ

図5—4 フットナビのプリンター出力画面

ANALYSIS & NAVIGATION
Foot Navi

2011年 11月 10日

NO. 00000001 お名前 男性

あなたの判定結果

圧力分布

圧力の色調 強 弱 | 重心の位置

おすすめの靴サイズ 26.5G

測定結果

左足	JIS	26.0G/115	
	足長	25.6	cm
	足幅	11.5	cm
重心位置	踵から	31	%
	つま先から	69	%
	接地エリア	537	p
右足	JIS	26.5G/115	
	足長	26.2	cm
	足幅	11.5	cm
重心位置	踵から	42	%
	つま先から	58	%
	接地エリア	583	p

判定

左足
左足の前足部圧力が弱まっています
左足のかかとに圧力集中があります
左足の重心バランスは適正範囲にあります

右足
右足の前足部圧力が弱まっています
右足の重心が前にかたより気味です

備考欄

あなたの足型

おすすめインソール

左足 右足

左足の前部分に違和感がなければバランスを補正するインソールがおすすめです

右足の前部分をケアするインソールがおすすめです

よくある足の傾向例

外反母趾
親指が小指側に変形し「く」の字になる状態。親指付根に強い圧力が見られる。

ハイアーチ
土踏まずが極端に上がりすぎて甲高な状態の足。足の中心部が無圧で映らない。

扁平足
足裏に土踏まずのない状態。アーチがつぶれ足裏全体が地面にくっついている。

浮き指
足指が浮いていて地面に接地せず踏張っていない状態。足指が無圧で映らない。

O脚
両膝が「O」の字の様に外側に湾曲している状態。足の外側の圧力が強い。

左右のアンバランス
姿勢や骨格の歪みなどが原因で左右の足圧分布が極端に違っている。

COMFORT LAB INC.

画像提供：株式会社コンフォートラボ

受け取る。

といったプロセスで利用する。

タッチパネルによる会話型ガイダンスを提供することにより，誰でも簡単に足裏への体重のかかり具合を測定できるようにしている（**図5―2**）。測定結果は，体重の重心バランス，足裏への圧力バランスとして，画面またはプリンターによって，レポートとして提供される（**図5―3**，**図5―4**）。

2.3　システム導入イメージ

フットナビを提供するシステムは，店頭に設置され足の裏側にかかる圧力を測定し，フットケア商品を推奨するフットナビ端末システムと，データセンターに設置され，測定された情報を収集して蓄積するフットナビサーバーより構成される。システム導入イメージを**図5―5**に示す。

図5―5　システム導入イメージ

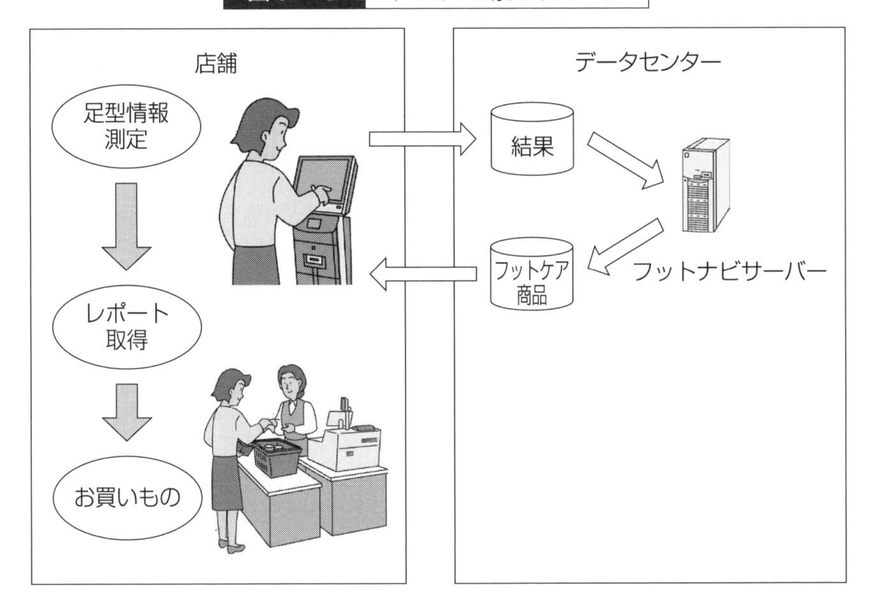

図5―6 フットナビ端末システムの写真

写真提供：株式会社コンフォートラボ

(1) フットナビ端末システム

フットナビ端末システムは足の裏の圧力を測定する圧力センサーシステム，顧客にガイダンスを行いレポートを提供する情報キオスクおよびプリンターにより構成される。フットナビ端末システムの写真を**図5―6**に示す。

① 圧力センサーシステム

圧力センサーには，感圧素子が敷き詰められており，足の裏のどの部位にどのくらいの圧力がかかっているか測定する。

②　情報キオスクおよびプリンター

情報キオスクは，足裏の圧力測定について，顧客にガイダンスを提供し，セルフでサービスを提供できるようにしている。また，圧力センサーシステムによって測定された足裏の圧力情報より，体重の重心バランスと足裏への圧力バランスについてのレポートを作成しプリンターで出力する。

(2)　フットナビサーバー

情報キオスクによって集められた足型情報を収集し，マーケティング情報として店舗およびメーカーに提供する。

2.4　発見喚起のメカニズム

フットナビによる発見喚起サイクルを**図５―７**に示す。本書が提案するのは，(1)～(4)を組み合わせ，サイクルとして回すことである。サイクルの繰り返しが，発見喚起のメカニズムとなっている。

(1)　体験にもとづくトラブル解消の提案

顧客の足の裏への体重のかかり具合を測定することによって，足のトラブルを解消するための方策を提案する。そして，測定した足の情報にもとづき，痛みを和らげるための手段や，歩いても疲れにくくするための手段，さらには，立ち姿や歩く姿が美しく見えるようにするための手段を提案する。

(2)　自宅では知りえない情報（特典）の提供

自宅では知りえない，足の裏への体重のかかり方，左右の足のバランスなどについてのカウンセリング情報を来店客だけに提供する。

(3)　体験者に対する「試したい」の継続

ガイダンスおよびレポートの中で，環境や身体の変化，インソールの活用と

図5―7 フットナビによる発見喚起サイクル

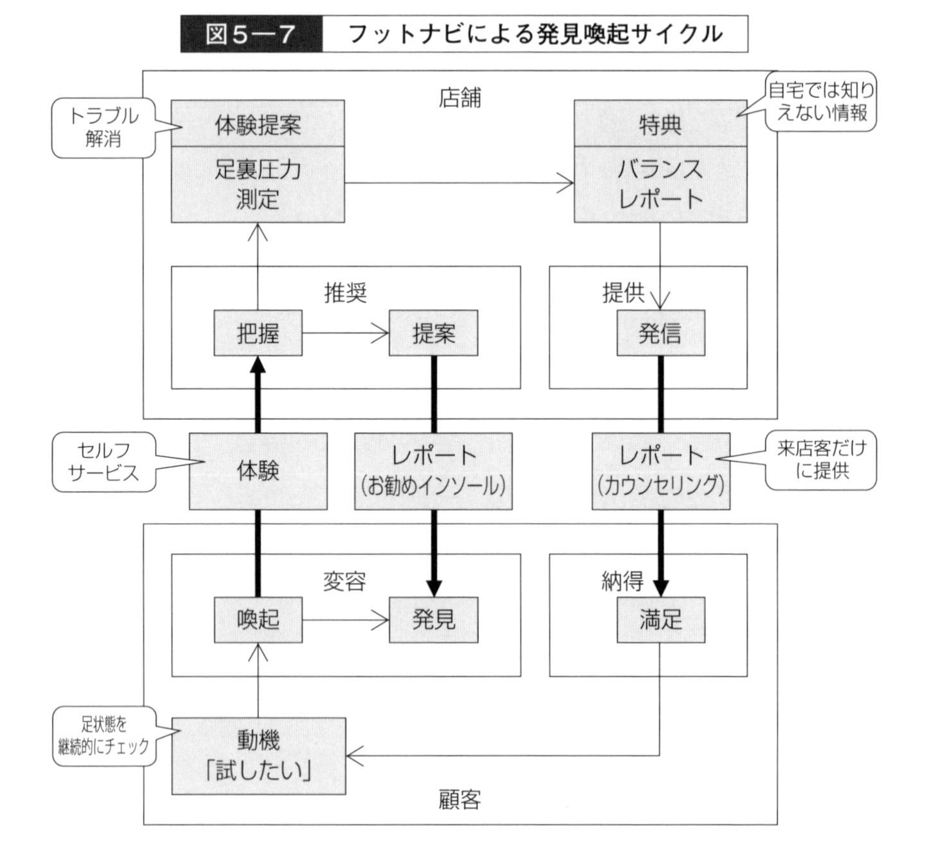

ともに足の状態も変化することを訴求することにより，継続的な測定を促し，顧客を自然に店舗へ来店させるようにしている。

(4) セルフサービスによるプライバシーへの配慮

測定して得られる情報は，いわゆる足癖であり，顧客の弱みとなりうる情報である。セルフで測定できるようにすることで，他人に知られることなく情報を提供する。

2.5　コンフォートラボにおけるサービス提供事例

(1)　サービス提供の背景

コンフォートラボは，靴店を中心にフットケア商品を提供している。コンフォートラボが提供するフットケア商品は，アタッチメントとクッション（インソール）であり，足のトラブルを解消させる効果がある。アタッチメントは，顧客の重心バランスや圧力バランスによって，組み合わせて使用できるようにさまざまな形状の商品が提供されている。また，インソールも，例えばスポーツやビジネスといったように用途に合わせた商品が提供されている。

これらの商品は重心バランスと圧力バランスを測定しないと販売することができないため，コンフォートラボでは，店舗のスタッフが測定できるように，パソコンに圧力センサーを接続した測定装置を提供してきた。

ところが，この方法だとなかなか利用者が増えないという問題が生じた。利用者を増やせない原因は，デリケートな情報を他人には知られたくないという顧客の心理と，店舗のスタッフに測定を頼むと購入させられるのではないかという警戒心によるものである。

そこで顧客自らセルフでサービスを提供できるよう開発されたのがフットナビである。

(2)　サービスの効果

フットナビは，靴店ならびに百貨店への導入が始まっている。導入した店舗においては，スタッフが測定する従来の方法に比べて，利用者を3倍以上に増やすことができている。セルフ化による効果と言えるだろう。さらに，測定した利用者の多くがフットケア製品を購入しており，販売数を大幅に伸ばすことにも成功している。今後はアタッチメントとクッションのみならず，さまざまな商品を推奨できるようにしていく計画であり，ますます店舗の売り上げに貢献していくものと思われる。

3 衣服の試着サービスによる実践

3.1 衣服の販売の現状と課題

(1) 衣服販売の現状

ファッション性が求められる商品には，色，柄，模様，装飾など，多彩なデザインバリエーションが必要とされる。ファッションの目指すところが，個を演出することによって，個を際立たせることであり，他の人とは違うものが求められるからである。

なかでも最も高いファッション性が求められる衣服は，デザインバリエーションはもちろんのこと，季節が変わるたびに店頭の大半の商品が新しい商品に入れ替えられている。

その一方で，個々の顧客の好みは，ほぼ決まっており，数多くのデザインバリエーションを揃えたとしても，色違いや柄違いの商品を複数購入する顧客は多くなく，顧客一人当たりの購入点数を増やしていくことは難しい。

(2) 衣服販売の課題

衣服の販売を伸ばしていくためには，いかにして顧客の好みの幅を広げていくかがポイントとなる。

顧客の好みの多くは，専門家や有識者による客観的なアドバイスによるものではなく，「この手の色やデザインが好き」とか「この手の服は自分に合わない」といった極めて直感的な思い込みによるものだと考えられる。好みの幅を広げていくためには，顧客の直感的な思い込みを解消し，今まで知らなかった「素敵な自分」の発見を喚起していく必要がある。

発見を喚起するためには，顧客の思い込みを解消しなければならないため，実際に試着してもらい「素敵な自分」を発見してもらうほかない。しかしながら，顧客自らが選びそうなものを試着させても，新たな発見を促すことはできないし，かといって，むやみに試着させると，顧客に煩わしい思いをさせるばかりか，衣服を畳む手間を増やしてしまう。つまり，顧客に新たな発見を促すためには，単に顧客に似合うものを選ぶのではなく，顧客の好みを見極めた上で，顧客が選びそうもないものの中から顧客に似合うものを見つけ出さなければならないことになる。

実際の店舗では，この役割を店員が担うことになるが，豊富な経験と高いスキルが求められることになり，人材の確保が課題になっている。

このような課題を踏まえ，衣服の試着を容易にする富士フイルムイメージングシステムズ株式会社の「プレフィットシステム（富士フイルムイメージングシステムズ登録商標）」による事例を通して，衣料品業界における発見喚起サイクルの実践を紹介する。

3.2　サービス提供イメージ

プレフィットシステムは，店頭にてウェブカメラで撮影した顧客の姿に衣服の画像を重ね合わせてサイネージディスプレイ上に表示するバーチャル試着サービスを提供する。顧客はプレフィットシステムによって，実際に衣服を試着しなくとも，衣服を着たイメージを確認することができる。プレフィットシステムの利用場面を**図５—８**に示す。

顧客は，

① システムの前に立ち，ウェブカメラにより撮影された自分の姿をサイネージディスプレイで見る（**図５—９**の左側の図）。

② 店員（システム）が提案した衣服を仮想的に試着した自分の姿を見る（図５－９の右側の図）。

③ タッチパネルディスプレイ（モニター）上の衣服のメニューを選択することによって，仮想的に試着する衣服を選択する（**図５—10**）。

図5−8 プレフィットシステムの利用場面

筆者撮影　撮影協力：富士フイルムイメージングシステムズ株式会社

図5−9 プレフィットシステムの利用イメージ

写真提供：富士フイルムイメージングシステムズ株式会社

図5—10　プレフィットシステムの操作画面

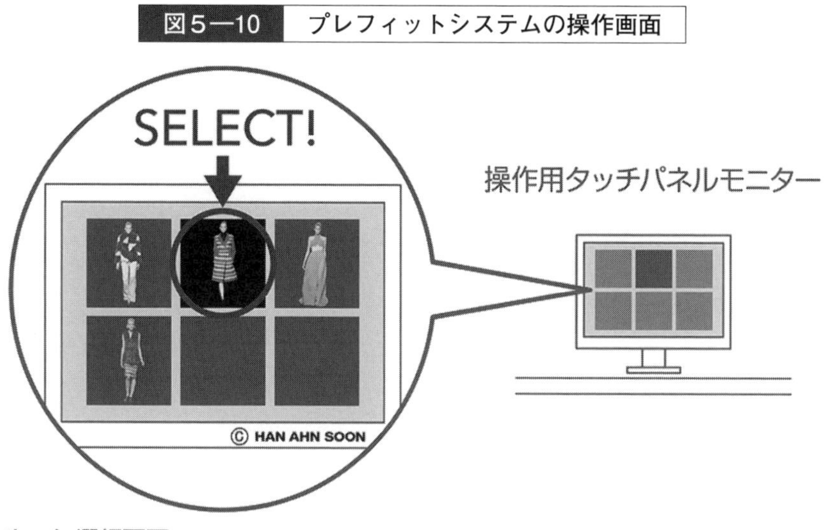

画像提供：富士フイルムイメージングシステムズ株式会社

④　タッチパネルディスプレイ上のプリントボタンを押下することによって，サイネージディスプレイに表示されている画像をプリントアウトする。

といったプロセスで利用する。

3.3　システム構成

プレフィットシステムは，顧客の姿を撮影するウェブカメラ，顧客の姿を映し出すサイネージディスプレイ，試着する衣服を選択するタッチパネルディスプレイ，試着した姿を印刷する写真プリンター，そして衣服の画像データを格納するとともに，これらの装置を接続して制御するコントローラーより構成される。

①　ウェブカメラ

ウェブカメラは，顧客の姿を撮影するリアルタイムカメラである。ウェブカメラは動画と静止画を撮影することができる。

② サイネージディスプレイ

サイネージディスプレイは，顧客の姿を映し出す大型のディスプレイ装置である。

③ タッチパネルディスプレイ

タッチパネルディスプレイは，サイネージディスプレイに表示する衣服の画像を表示し，顧客に選択してもらうためのディスプレイである。

④ 写真プリンター

写真プリンターは，サイネージディスプレイに表示されている試着（合成）画像を写真として印刷する。

⑤ コントローラー

コントローラーは，ウェブカメラ，サイネージディスプレイ，タッチパネルディスプレイ，プリンターを接続して制御するコンピューターシステムである。衣服の画像データを格納するとともに，ウェブカメラで撮影した顧客の画像に衣服のデータを重ね合わせてサイネージディスプレイに表示する。

3.4 発見喚起のメカニズム

プレフィットシステムによる発見喚起サイクルを**図5―11**に示す。本書が提案するのは，(1)〜(4)を組み合わせ，サイクルとして回すことである。サイクルの繰り返しが，発見喚起のメカニズムとなっている。

(1) さまざまな衣服の試着による発見の喚起

高いスキルを持った店員が最新モードの衣服を最初の一着目の試着として提

図５−11　プレフィットによる発見喚起サイクル

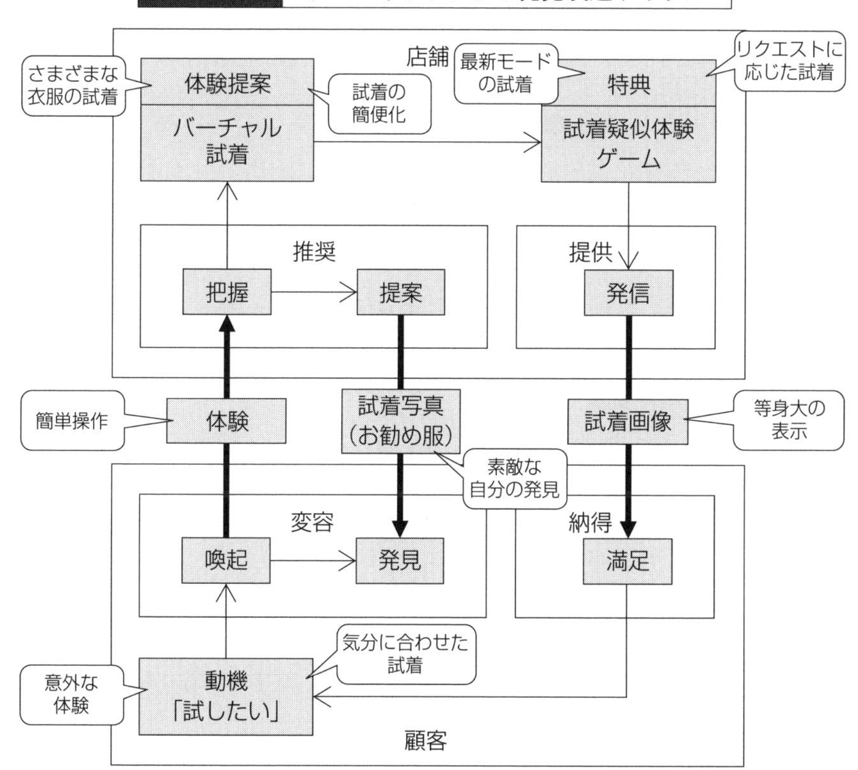

案し，顧客のリクエストに応じたいろいろな衣服の試着の場を提供することによって，顧客の「素敵な自分」の発見を喚起する。

⑵　試着の簡便化による「試したい」の喚起

簡便な操作で試着する衣服を変更できることによって，たくさんの種類の衣服の試着を促進する。それにより，「試したい」を喚起し，発見の機会を拡大する。

⑶　試着写真の印刷による気づきの定着と提案

試着した姿を印刷した写真を提供することによって，体験による気づき（気分に合わせた試着，意外な体験）を顧客に定着させ，商品名，商品コードなどを付加した広告として提案する。

(4) 通りかかった人への「試したい」の伝播

大型ディスプレイに試着した姿を映し出すことによって，プレフィットシステムの前を通りかかった人の興味を引き，「試したい」を伝播させる。

3.5 富士フイルムイメージングシステムズにおけるシステム提供事例

(1) サービス提供の背景

富士フイルムイメージングシステムズでは，駅，博物館などの公共施設，ならびに，ショッピングセンターをはじめとする大型商業施設のデジタルサイネージシステムと，デジタルサイネージに表示されるコンテンツを製作してきた。

その一方で，富士フイルムイメージングシステムズでは，宣伝広告と情報案内を目的として普及してきた従来のデジタルサイネージシステムに加えて，新しい活用方法の開拓にも意欲的に取り組んでいる。

こうした取り組みを背景にして，コミュニケーション型のサイネージシステムとして開発されたのがプレフィットシステムである。

(2) サービスの効果

プレフィットシステムは，提供され始めてから日が浅く，サービスの効果については，評価段階にある。しかしながら，既にファッションショーや，商業施設における集客イベントにて数多くの稼働実績があり，好評を博している。今後は，バーチャル試着システムとして，恒常的なサービスの提供に向けて，導入が本格化されていくものと思われる。

《参考文献》

株式会社コンフォートラボホームページ
http://www.comfort-lab.com/

第6章

関係継続サイクルの実践

第5章では，発見喚起サイクルの実践を紹介した。

本章では，ロイヤルティプログラムと予約サービス，利用感謝・商品値引クーポンと購買権利クーポンによるサービス提供事例にもとづき，M-In-D サイクル・マーケティング・コミュニケーションにおける関係継続サイクルの実践を紹介する。

1 実践の考え方

1.1 納得段階における集客の現状

(1) 優良顧客へのプログラム

納得段階におけるコミュニケーションは，商品を購買した顧客とのコミュニケーションであり，販売促進のプログラムとして，航空会社が提供するマイレージ・プログラム（フリークエント・フライヤーズ・プログラム），店舗が提供するポイント・プログラム（フリークエント・ショッパーズ・プログラム）などがその役割を担ってきた。

このようなプログラムは，上位20%の顧客が店舗の売り上げの80%をもたらすというパレートの法則（通称，にっぱちの法則）にもとづき，売り上げの大半を占める利用度（ロイヤルティ）の高い顧客を優遇する。店舗のロイヤルティの高い顧客を優良顧客（ロイヤルカスタマー）と位置付け，他の顧客より優遇することにより顧客を囲い込み，ライバル店に流れるのを防ぐ。そして，優良顧客一人ひとりのニーズに合わせたサービスを提供していくことにより，顧客満足を獲得し再来店を促進させようとする。

(2) コストの増大と優良顧客の先細り

しかし，顧客一人ひとりのニーズに合わせたサービスを提供していくためには，莫大な顧客情報を収集してその一人ずつについて分析し，それに対応したサービスを立案していかなければならない。

店舗は大きなコスト負担を強いられることになり，せっかく得られた利益を食いつぶしてしまうという課題がある。

また，優良顧客向けのサービスは，購買の多い顧客を優良顧客として優遇する一方，購買の少ない顧客をチェリーピッカーや渡り鳥などと称して冷遇してしまう可能性がある。また，優良顧客として優遇した顧客が，永続的に優良顧客である保証はなく，時代の流れとともに，優良顧客が徐々に減少してゆく傾向にある。現時点で購買の少ない顧客であっても，将来優良顧客になりうる可能性があり，そのような顧客を取り込む努力が必要となる。

1.2 実践のポイント

顧客が店舗で購買し続けるようにするために，購買し続ける顧客は得をするという状況を作り出す関係継続サイクルを回す。

クーポンなどを利用した特典サービスにおける関係継続サイクルの実践のポイントを(1)～(4)に示す。

(1) 顧客の生活習慣に合わせた購買習慣プログラムの用意

顧客に「これなら続けられるかもしれない」と思わせることのできる購買習慣プログラムを立案する。顧客の生活パターン（タイミング）に的確に適応するプログラムである。例えば，

- ストレスなく購買できる環境を整備し，顧客が利便性を感じるプログラム
- 購買単価が高くない商品でも習慣的に購買すれば顧客が得をするプログラム
- 継続的に購買すれば，月間の購買予算の範囲内で顧客が得をするプログラム

といったものである。これらのプログラムのメニューをたくさん用意し，さまざまな顧客の生活習慣に合わせた購買習慣プログラムを提供していく。

(2) 「続けている」顧客だけへの特典提供

特典は，例えば，

- 購買頻度の高い顧客だけが限定品や特売品を購買できる。
- 店舗が提案する購買習慣プログラムに則ると商品を割安で購買できる。

といったものである。顧客に「続けると得をする」と思わせるために,「続けている」顧客だけに特典を提供し，得と思わせるに十分な特典を提供する。

ただし，あまりにも特典を提供しすぎると，利益が出なくなり，店舗の運営が続けられなくなってしまうので，特典を過分に提供しないようにコントロールすることが必要である。

(3) 「続けたい」の駆動と伝播

顧客が購買習慣プログラムや特典に何らかの満足（メリット）を感じるように，購買習慣プログラムや特典の提供プロセスに「続けると得をする」演出を施す。例えば,

- 購買頻度の高い顧客には優先的に新鮮な情報を提供する。
- 購買習慣プログラムや特典にゲーム性を持たせる。

といったものである。

また，購買習慣プログラムの参加者を増やすために，プログラムの存在を知らない人に対して，店頭におけるチラシ，ポスターなどの従来メディアに加え，ソーシャルメディアも活用して訴求し，特典を十分にアピールする。

(4) 簡単な利用環境

多くの顧客に購買習慣プログラムを利用してもらうために，購買習慣プログラムに参加しやすくするとともに，特典を受け取りやすくする。特に新たに参加する顧客に対して，煩わしい思いをさせないようにする。

2　ロイヤルティプログラムと予約サービスによる実践

2.1　スターバックス コーヒー ジャパンの機会点

(1)　スターバックス コーヒー ジャパンの試み

スターバックス コーヒー ジャパン（以降「スターバックス」と略す）は，1996年８月，東京・銀座に日本１号店をオープンし，「人々の心を豊かで活力あるものにするために―ひとりのお客様，一杯のコーヒー，そしてひとつのコミュニティから」のミッションを掲げ，全てのお客様へ最高のスターバックス体験を提供できるよう，行動指針を定め，日々体現している。そして，2020年９月末，日本における店舗数は1,601店舗に達している。

スターバックスは顧客のスターバックス体験を，パーソナルで価値のあるものにするため，2017年９月にロイヤルティプログラム「Starbucks Rewards ™（スターバックスリワード）」を開始した。顧客は，プログラムに参加することで，新商品の先行購入や限定イベントへの招待などのサービスを受けることができる。2020年９月末時点で650万人の会員数となっている。

また，2019年６月から，都内56店舗で，スターバックスのアプリを通じて注文，決済までを事前に完了し，店舗で商品を受け取る予約サービス「Mobile Order & Pay（モバイルオーダー＆ペイ）」を導入した。2020年末までに全国展開を目指している。

(2)　顧客増加にともなう注文渋滞の課題

ロイヤルティプログラムにより，優良顧客が増えることは店舗にとって良いことである。しかし，顧客の増加にともなって，顧客の来店時間などが重なり，レジの受付やサービスの提供が渋滞して顧客の不満が高まるという場合もある。

ただし，渋滞する時間帯が限られている場合には，迅速に顧客に対応する施設の拡張や店員の増員を推進することが難しい。

このような課題を踏まえ，スターバックスが提供しているロイヤルティプログラム「スターバックスリワード」と事前注文・決済サービス「モバイルオーダー&ペイ」による事例を通して関係継続サイクルの実践を紹介する。

2.2 サービス提供イメージ

スターバックスリワードは，Webまたは公式アプリ登録したプリペイドカード「スターバックス カード」を所有する会員に向けて，さまざまな特典（「eTicket（eチケット）」，先行購入，限定企画など）を提供するサービスである。会員はグリーンスターとゴールドスターの２種類があり，それぞれに対するサービス内容を**表6－1**に示す。

表6－1 スターバックスリワード登録会員のサービス

特典	グリーンスター	ゴールドスター
eチケットの発行		○
ゴールドスター限定プレゼント企画		○
新商品の先行購入（店舗 or オンラインストア）	○	○
ワンモアコーヒー（ドリップコーヒー購入時，同日なら2杯目が¥100（税抜））	○	○
オンラインストアでの買い物・限定商品の購入	○	○
ドリンクチケットプレゼント，イベントへの招待などの限定企画	○	○
スターバックス カード管理サービス（オンライン入金，オートチャージなど）	○	○

顧客は，

① スターバックス カードをWebまたは公式アプリで登録する。

② 購買ごとにスター（54円（税込）当たり，スター１つ）を獲得する。

③ はじめはグリーンスターを集め，１年以内にグリーンスターを250集めると，ゴールドスターを集められるようになる。

④ ゴールドスターを集め，集まったゴールドスター150ごとに，ドリンクやフードに使えるｅチケット（700円（税抜））１枚と交換できる。

⑤ 店舗でｅチケットによる特典を受け取る。

といったプロセスで利用する。

モバイルオーダー＆ペイは，スターバックスリワード会員向けに，顧客が事前にドリンクを注文，決済できるサービスである。

顧客は，

① スターバックスの公式アプリを開き，ホーム画面で「オーダーする」をタップする。

② 店舗，利用方法（持ち帰りか，店内飲食か），商品，カスタマイズを選択する。

③ オーダーを確定し，登録済みのスターバックス カードで決済する。

④ 受取番号を取得する。

⑤ 店舗でドリンクを受け取る。

といったプロセスで利用する。**図6―1**にモバイルオーダー＆ペイのスマートフォンでの操作画面展開を示す。

図6－1　モバイルオーダー＆ペイのスマートフォンでの操作画面展開

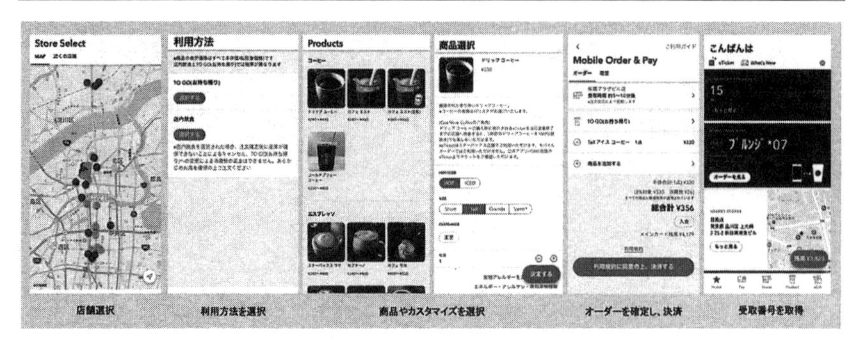

写真提供：スターバックス コーヒー ジャパン株式会社

2.3　関係継続のメカニズム

スターバックスリワードとモバイルオーダー＆ペイによる関係継続サイクルを**図6－2**に示す。

図6－2　スターバックスリワードとモバイルオーダー＆ペイによる関係継続サイクル

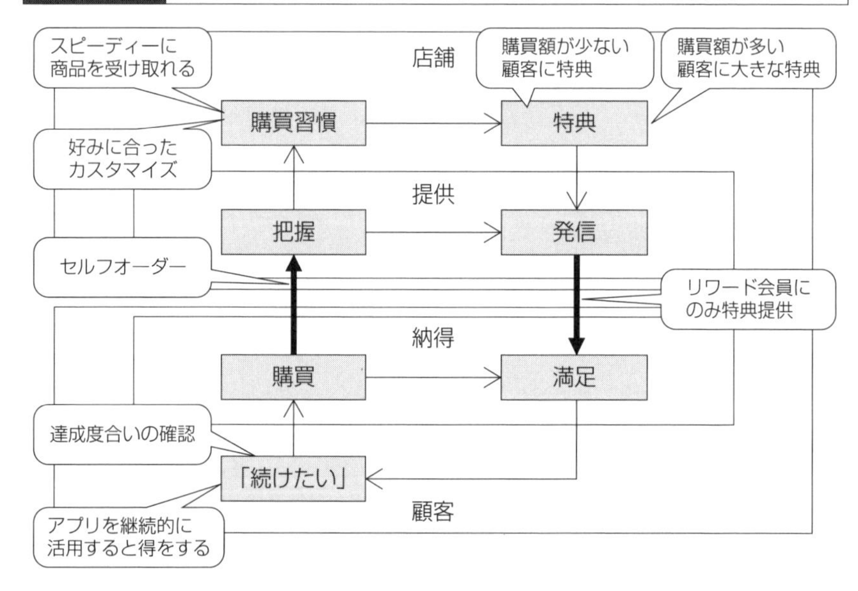

(1)　顧客の生活パターン・嗜好性に合わせた購買習慣プログラムの提供

店頭でのレジ待ちにストレスを感じる顧客に対して，事前に商品の注文を受け付け・決済し，顧客の生活パターンに合わせ，店頭でスピーディーに商品を受け取れる購買習慣プログラムを提供した。このプログラムでは再注文も容易にできる。また，顧客自身の好みに合った商品のカスタマイズ（ミルク変更，ホイップクリーム追加など）が事前に選べる環境を整え，顧客がコーヒーを楽しむことを習慣化した。

(2)　購買実績に対応した特典の提供

年間の購買額が少ない顧客（グリーンスター）に対して，新商品の先行購入，ワンモアコーヒー割引，オンラインストアでの買い物・限定商品の購入，イベントへの招待などの特典を提供し，顧客に店舗での購買を徐々に浸透させた。

顧客は，年間の購買額が多い顧客（ゴールドスター）になるためには，１年で250スター（購買額13,500円（税込））が必要であるが，それは月に数回の頻度の購買で達成でき，それほど高くないハードルであるため，購買を積み重ねるうちに，ゴールドスターになる可能性が高い。ゴールドスターの顧客に対し，ｅチケットの発行，限定プレゼント企画などの大きな特典を提供し，顧客に店舗で購買し続けることへの動機を醸成した。

(3)　継続的な特典提供による「続けたい」の駆動と伝播

スマートフォンアプリにより，プログラムの達成度合いを確認できるようにし，季節商品の先行購入（年２回程度），ボーナススター・キャンペーン（年30回程度，商品の組み合わせ・購買回数・時間帯などの条件を変化させ，その条件で購買するとボーナススターを付与するゲーミフィケーションを活用），オンラインストアでの限定商品，ドリンクチケットプレゼント，イベントへの招待の限定企画などの特典の付与を継続的に行うことにより，「アプリを継続的に活用すると得をする」という状況を作り出し，「続けたい」動機を駆動・維持させた。

また，ソーシャルメディアで，先行購入，オンラインストアでの限定商品などの会員特典を明確に訴求することにより，「プログラムに参加すると得をする」という情報を提供し，購買習慣プログラムに参加していない人に「参加したい」を伝播させた。

(4) 顧客の利便性や心理に配慮した購買環境

スターバックス カードにより，オンライン入金・オートチャージなどが行え，容易に購買ができる環境を整備した。また，レジでは，商品のカスタマイズを口頭で伝えることが面倒あるいは恥ずかしいと感じる顧客もいる。人目を気にせずセルフで事前カスタマイズ選択を可能にし，顧客自身の好みに合ったカスタマイズ，新しいカスタマイズのチャレンジが容易にできる環境を整え，顧客にコーヒーを楽しむ機会を提供した。

2.4 購買習慣プログラムの例

本事例で紹介した購買習慣プログラムの例を以下に示す。

(1) 情報・特典提供基盤プログラム

スマートフォンアプリをインストールした顧客に情報や特典を提供するプログラムである。

(2) 自動チャージ・決済プログラム

スターバックス カードの所有者のカードに自動的にチャージし，店舗での決済を行えるプログラムである。

(3) 優良顧客認定・割引プログラム

年間に一定額以上の購買をした顧客を優良顧客として認定し，優良顧客に割引などの特典を提供するプログラムである。

(4) ゲーミフィケーションプログラム

商品の組み合わせ・購買回数・時間帯などの条件を変化させ，その条件で購買するとボーナススターを付与するプログラムである。

(5) 事前注文・決済サービス

事前に店舗・利用方法・商品・カスタマイズを選択し，レジに並ばず，待ち時間なしに商品を受け取れるサービスである。

(6) 社会支援プログラム

災害などで被害を受けた地域や，そこに暮らす人たちを支援するプログラムである。カードやチャージにおいて寄付をすることができる。

3 利用感謝・商品値引クーポンによる実践

3.1 ロイヤルティ来店促進プログラムの課題

ロイヤルティにもとづく来店促進プログラムでは，特定の顧客層に偏って優遇してしまったため，顧客の世代交代に追従することができなくなり，顧客を減少させてしまうという事態を招くことになった。永続的に顧客を増やしていくためには，特定の顧客層に偏ることなく，来店する全ての顧客層に対して購買習慣プログラムを提供していく必要がある。

このような課題を踏まえ，利用感謝・商品値引クーポンサービス「ナビタンクーポンサービス」による事例を通して関係継続サイクルの実践を紹介する。

3.2 サービス提供イメージ

ナビタンクーポンサービスは，店頭に設置した情報端末により，さまざまな顧客に対して購買習慣プログラムを提供するサービスである。

ナビタンクーポンサービスは，月間の買い上げが一定額を超えた顧客に対して提供する利用感謝クーポンと，一定の条件を満たした顧客に提供する商品値引クーポンを提供している。

顧客は，

① 会員カードを挿入する。

② 提供されているプログラムを確認する。

③ 参加しているプログラムの達成状況を確認する。

④ プログラムを達成した時にクーポン券による特典を受け取る。

といったプロセスで利用する。

図6―3　サービス提供イメージ

便利な端末機 コープナビタン

コープさっぽろ全店に設置しております「ナビタン」は、便利な機能を備えた端末機です。

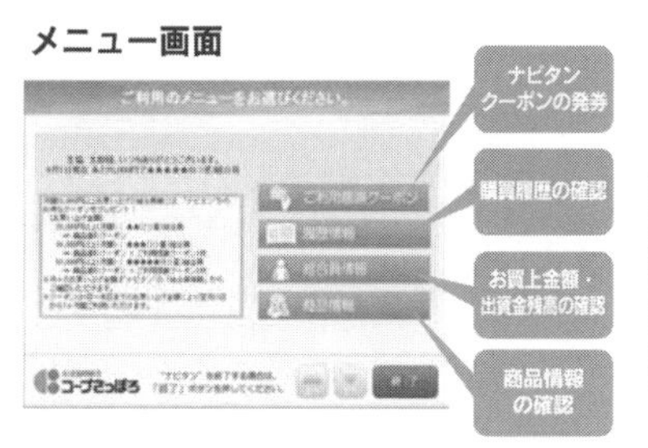

ナビタンでできること

- ナビタンクーポンの発券
- 購買履歴の確認
- お買上金額・出資金残高の確認
- 商品情報の確認
（加工食品の原産地やアレルギー情報など）

画像提供：生活協同組合コープさっぽろ

図6―3にサービス提供イメージを示す。

3.3　システム導入イメージ

ナビタンクーポンサービスを提供するシステムは，購買習慣プログラムを管理するナビタンサーバー，顧客に購買習慣プログラムを提供する情報キオスク（ナビタン）および売上管理サーバーから構成される。

システム導入イメージを**図6―4**に示す。

(1)　ナビタンサーバー

顧客の購買傾向から顧客の購買行動の習慣性を見出すことにより，新たなプログラムの企画を支援する。

(2)　情報キオスク

プログラムに参加している顧客個人のプログラムの進捗状況および特典の提供状況を管理する。プログラムの進捗状況および特典の提供状況を踏まえ，顧客にクーポン券を提供する。

図6—4 システム導入イメージ

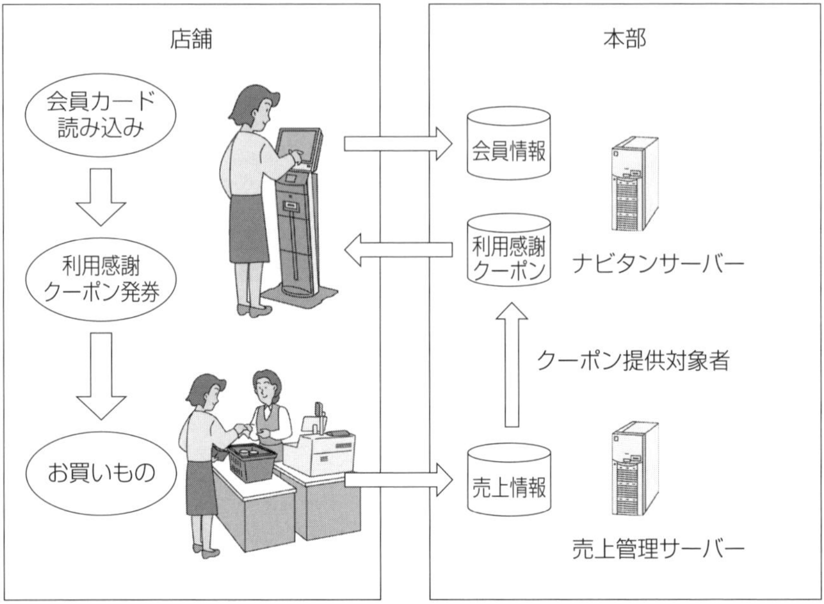

店舗
会員カード読み込み
利用感謝クーポン発券
お買いもの
本部
会員情報
利用感謝クーポン
ナビタンサーバー
クーポン提供対象者
売上情報
売上管理サーバー

(3) 売上管理サーバー

POSシステムより売上情報を収集し蓄積する。蓄積された売上情報にもとづきクーポン提供対象者情報を作成しナビタンサーバーに接続する。

3.4 関係継続のメカニズム

ナビタンクーポンサービスによる関係継続サイクルを**図6—5**に示す。本書が提案するのは，(1)～(4)を組み合わせ，サイクルとして回すことである。サイクルの繰り返しが，関係継続のメカニズムとなっている。

(1) 顧客の生活パターンに合わせた購買習慣プログラムの用意

月間の購買額が少ない顧客に対して，牛乳，トイレットペーパーなどの習慣性のある商品を対象に，特典を獲得することが容易な購買習慣プログラムを提

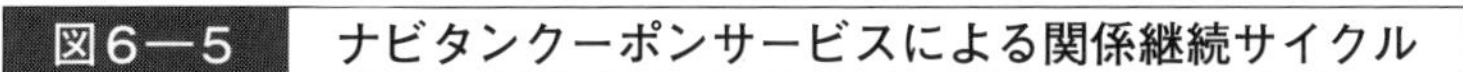
図6―5　ナビタンクーポンサービスによる関係継続サイクル

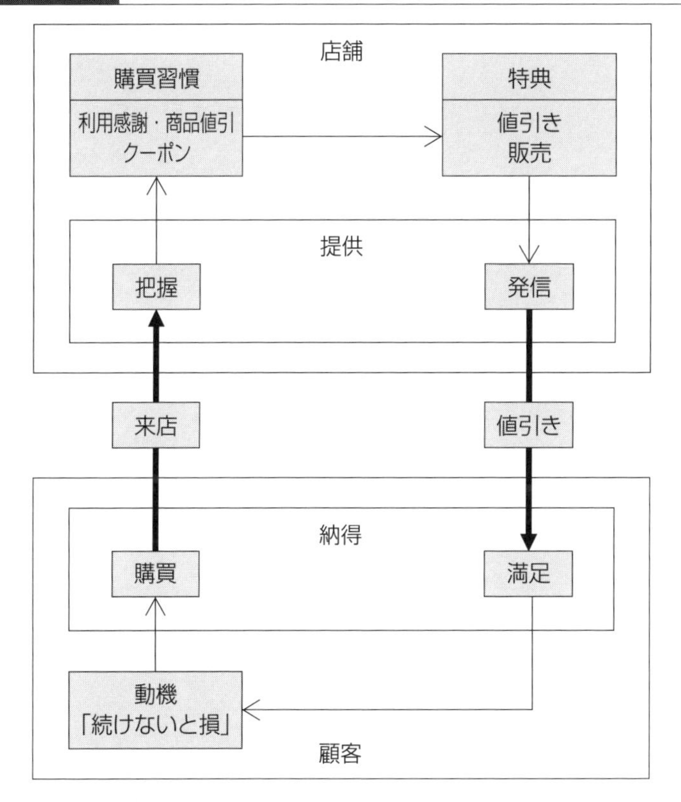

供する。顧客に複数ある購買習慣プログラムの中から自己の生活パターンに合ったものを選ばせ，購買習慣プログラムに参加させる。そして，購買の積み重ねによって，顧客に店舗で購買することを習慣化させ，自然に来店させ購買させる。

(2)　購買実績に対応したこまめな特典の提供

特定の商品を割安で購買できる商品値引クーポン券と，月額の目標購買額を超えた顧客に利用感謝クーポン券を提供する。まず，特定商品購買によって顧客に小さな特典を提供し，それを積み重ねるうちに，当初は獲得することが難しいと思われた大きな特典（利用感謝クーポンなど）を獲得させるようにして，続けることへの動機を醸成する。

さらに，購買習慣プログラムを達成した場合に，特典を一度に全て提供するのではなく，分割して提供することにより，顧客の再来店を促進する。

(3) 店頭における「続けたい」の駆動と伝播

店頭情報端末により，プログラムの達成度合いを確認できるようにし，「続けたい」動機を維持させる。

また，店頭でクーポン券による特典を明確に訴求することにより，「クーポン券を使わなければ損をする」という状況を作り出し，購買習慣プログラムに参加していない人に「参加したい」を伝播させる。

(4) 簡単な利用環境

店頭情報端末に会員カードを挿入するだけで購買習慣プログラムの達成度合いを確認できるようにし，特典を受け取れるようにしている。

3.5 購買習慣プログラムの例

(1) 利用感謝クーポンプログラム

一定期間に一定額以上の買い上げをした顧客に特典を提供するプログラムである。利用感謝クーポンの提供例を**図6―6**に示す。

(2) 商品値引クーポンプログラム

牛乳，トイレットペーパーなどの習慣性のある商品を続けて購買した顧客に特典を提供するプログラムである。購買習慣プログラムに参加するハードルを低くすることができる。また，菓子類など，特定のカテゴリの商品であってもかまわない。

図6―6　利用感謝クーポンの提供例

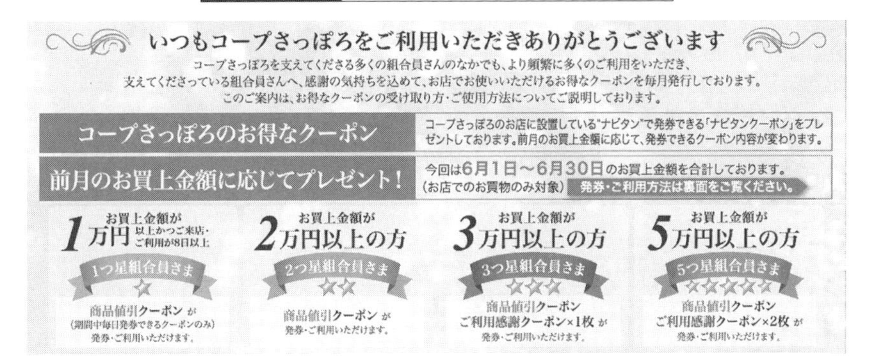

画像提供：生活協同組合コープさっぽろ

(3)　特定日クーポンプログラム

来店客が少ない日に来店した顧客に特典を提供するプログラムである。顧客の足が遠のく雨の日やライバル店の特売日などの来店客を維持することができる。

3.6　コープさっぽろにおける導入事例

(1)　サービス導入の背景

コープさっぽろは，札幌を拠点とする生活協同組合で，店舗事業，宅配事業，共済事業およびその他事業を展開している。

ナビタンクーポンサービスを導入する前までは，ロイヤルティの高い顧客に対してのみ，利用感謝クーポンをダイレクトメール（郵送）にて提供していた。

しかし，ロイヤルティの高い顧客は来店頻度が高いことから，印刷コストと郵送コストをかけてダイレクトメールを送る必要がないと判断したこと，より多くの組合員（顧客）にクーポンサービスを提供していきたいと考えたことにより，クーポンを店頭で配布することにした。

コープさっぽろは，事業組合員へのサービス向上施策の一環として，ナビタンクーポンサービスを全店舗で提供した。そして，現在，ナビタンクーポンサービスを拡充した「トドックアプリ」を開発し，より便利にクーポンサービスを提供することを試みている。

(2) サービスの効果

結果として，ダイレクトメールの印刷コストと郵送コストを削減できたことに加え，削減したコストの一部を顧客への特典の充実に振り替えることにより，顧客満足をさらに高めることに成功した。

また，利用感謝クーポンの提供に加えて商品割引クーポンを提供することにより，ロイヤルティの低い顧客に対しても，クーポンサービスを提供できるようにした。クーポンサービスの利用とともに，従来，ロイヤルティが低かった顧客も優良顧客化するケースが増えてきており，優良顧客の拡大に成功している。

4　購買権利クーポンによる実践

4.1　サービス提供コストの課題

顧客一人ひとりのニーズを把握してサービスを提案するためには，個々の顧客を識別する仕組み（顧客認証システム），顧客の購買傾向を把握・分析する仕組み（顧客データベースシステム），顧客ニーズに合わせたサービスを提供する仕組み（顧客サービスシステム）が必要になる。

これらのシステムに関わるコストを削減し，サービスの提供コストを低減する必要がある。

このような課題を踏まえ，ウィルマーケティング株式会社が提供している購買権利クーポンサービス「ネイバード」による事例を通して関係継続サイクルの実践を紹介する。

4.2　サービス提供イメージ

ネイバードは，来店した顧客に特売品を購買できる権利が得られるクーポン券を一定枚数発行するというサービスを提供している。

顧客は，

①　店頭に設置された情報端末に会員カードを読み込ませる。

②　会員番号が照会され会員の来店状況が確認される。

③　一定の来店があった場合にクーポン券が発行される。

④　クーポン券を使わなければ購買できない特売品の中から気に入った商品を選ぶ。

⑤　会計時にクーポン券を使って特売品を購買する。

図6—7 ネイバードのサービス利用場面

写真提供：ウィルマーケティング株式会社

といったプロセスで利用する。

図6—7にネイバードのサービス利用場面を示す。

4.3 システム導入イメージ

ネイバードを提供するシステムは，データセンターに設置され，クーポン券を管理するネイバードサーバーと，顧客にクーポン券を発券する情報キオスクから構成される。

システム導入イメージを**図6—8**に示す。

図6－8　システム導入イメージ

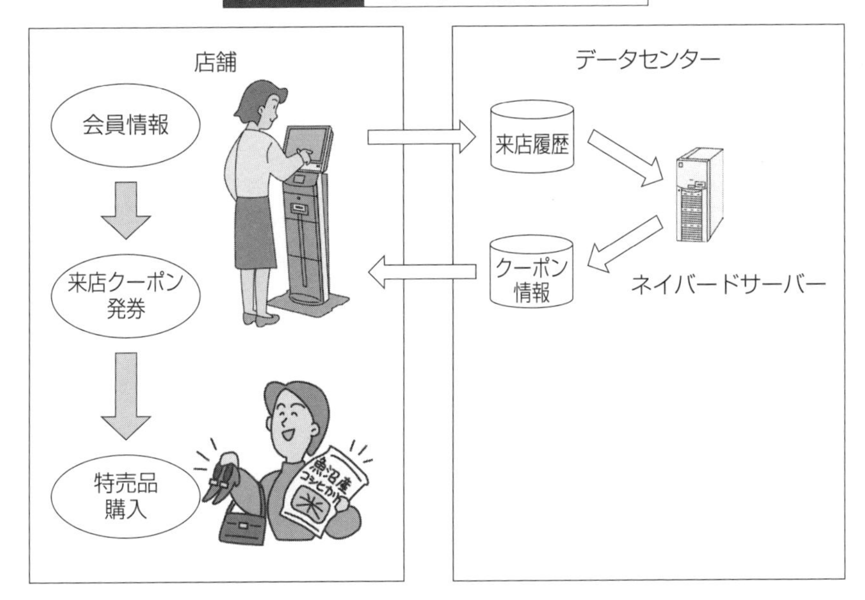

(1)　ネイバードサーバー

ネイバードサーバーは，クーポンの発行枚数を管理するとともに，クーポン券を発券した顧客を記録しておくことにより，二重発券を防止する。

(2)　情報キオスク

情報キオスクは，会員カードを読み取り，クーポン管理サーバーに発券状況を問い合わせた上で，一定の来店があった場合にクーポン券を発券する。

4.4　関係継続のメカニズム

ネイバードによる関係継続サイクルを**図6－9**に示す。本書が提案するのは，(1)〜(4)を組み合わせ，サイクルとして回すことである。サイクルの繰り返しが，関係継続のメカニズムとなっている。

図6―9 ネイバードによる関係継続サイクル

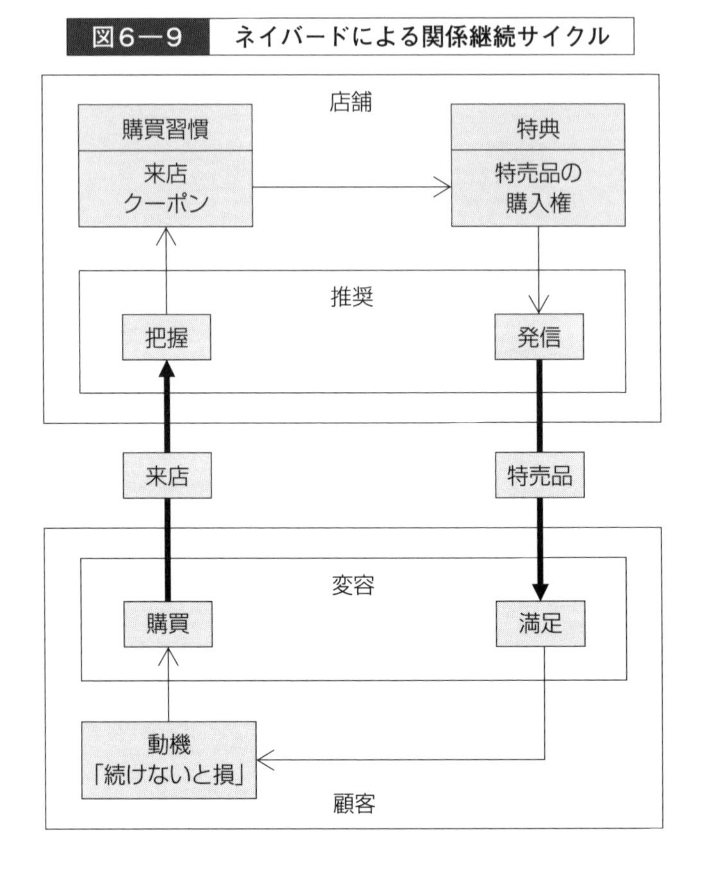

(1) 期待感のある購買習慣プログラムの立案

クーポン券を使わなければ購買できない特売品を店頭に配置し，日替わりや時間帯で変化させ，「今日はどんな特売品を買うことができるのか」という期待感を顧客に持たせることにより，来店を促進する。

(2) コストの低減と魅力的な特典の両立

クーポン券の発行枚数と使用枚数のバランスを見ながら特売品の量を制限し，その分，超特価で特売品を提供している。例えば，

- 顧客１人１枚

●顧客1日1枚

といったクーポン使用ルールである。

また，売れ残ると廃棄しなければならない処分品，数に限りがある訳あり品など，コストのかからない特売品を用意し，クーポン券を持っている顧客に超特価で優先的に割り当てる。

(3) クーポン券収集による「続けたい」の駆動

クーポン券を使わなければ購買できない特売品の種類を増やすことにより，クーポン券を持つことへの動機を高める。また，複数枚のクーポン券を使わないと購買することができない超特価品を用意することにより，クーポン券を集めたいという動機を高め，再来店を促進する。

また，発行したクーポン券の枚数と回収したクーポン券の枚数を把握した上で，回収した枚数より多めにクーポン券を発券し，顧客が財布にクーポン券を絶えず入れておく状況を作り，店外にいる時にもクーポンを意識させる。

(4) 簡単な利用環境

店頭情報端末に会員カードを読み込ませるだけでクーポン券を受け取れるようにし，会計時にクーポン券を渡すだけで特典を受け取れるようにして，誰でも簡単に利用できるようにしている。

4.5 購買習慣プログラムの例

ネイバードによる購買習慣プログラムは，基本的にクーポン券の枚数と特売品を組み合わせることにより構成される。

(1) 1枚のクーポン券による購買権利

1枚のクーポン券により特売品を購買することができるプログラムである。日替わりや時間帯によって提供する特売品を変化させることにより，顧客の期

図6―10 クーポンの活用場面

写真提供：ウィルマーケティング株式会社

待感を高める（**図6―10**）。また，メーカーから提供される試供品を提供することもある。

(2) 複数枚のクーポン券による購買権利

複数枚のクーポン券を集めるとよりお得感のある特売品を購買することができるプログラムである。クーポン券を集めることへの顧客の動機を高める。

4.6 ウィルマーケティングにおける提供事例

(1) サービス提供の背景

食品スーパーは商品による差別化が難しく，特売品を数多く取り揃えるなど，ライバル店との価格競争にしのぎを削っている。しかし，利益を度外視した特売品は，販売すればするほど店舗の利益が低下してしまい経営を圧迫する傾向にある。

そのような中，食品スーパーは，ローコストオペレーションや，商品のプライベートブランド化によるコストダウンにも注力してきた。しかし，そのような方策も限界に近づきつつあり，新たなコストダウン施策が求められるようになっている。

ウィルマーケティング株式会社は，食品スーパーなど流通小売業におけるマーケティング・リサーチに多くの実績を持っており，このような食品スーパーのニーズに応えていくために，ネイバードのサービスを提供している。ネイバードは，極めてシンプルな仕組みで顧客との関係を継続できるようにしたもので，集客力を高めると同時に，販促コストの削減を狙ったものである。

(2) サービスの効果

ネイバードを導入した店舗は，クーポン券を持っている顧客だけが特売品を購買できるようにし，顧客に販売する特売品を一定数に制限することに成功した。結果として特売品の種類を増やしながらも利益を確保できるようになった。

また，印刷時間と配達時間を要するチラシなどの紙メディアでは，その日仕入れてきた生鮮野菜や鮮魚は集客材料として扱うことができなかったが，ネイバードは，これらの商品も特売品として訴求できるため，集客材料を増やすことを容易に実現した。

さらに，ネイバードは店舗ごとに特売品を選定できるため，店舗の状況に合わせた施策を提供することができる。

《参考文献》

ウィルマーケティング株式会社ホームページ
http://will-marketing.com/
スターバックス コーヒー ジャパン株式会社ホームページ
https://www.starbucks.co.jp/
生活協同組合コープさっぽろホームページ
http://www.sapporo.coop/

第7章

M-In-D サイクルの連動と効果

第4章～第6章では，M-In-D サイクル・マーケティング・コミュニケーションの個々のサイクルの実践を紹介した。

本章では，まず，M-In-D サイクルの連動の実践を紹介し，M-In-D サイクル・マーケティング・コミュニケーションの効果について解説する。

1 願望誘発・発見喚起・関係継続のサイクルの連動

ここでは，願望誘発・発見喚起・関係継続のサイクルを組み合わせ，効果的にサイクルを連動させた実践について，スターバックスの事例をもとに紹介する。

1.1 スターバックスの試み

関係継続サイクルにおけるスターバックスの試みは，第６章の***2***で紹介した。その他にも近年以下のような試みを行っている。

(1) 願望誘発の試み―ソーシャルメディアの活用

スターバックスは，従来型（プッシュ型）のマスメディアによる広告は行っていない。情報提供の中核を担うのはソーシャルメディアであり，ツイッターとインスタグラムで公式アカウントによる情報提供を行っている。ほぼ毎日の頻度で情報提供が行われており，2019年12月時点におけるフォロワーはツイッター474万人（日本で５位），インスタグラム243万人（企業７位，全対象40位）である。このような規模のメディアはマスメディアとしての機能を有している。ツイッターとインスタグラムの公式アカウントページを**図７―１～図７―２**に示す。

記事の内容としては，季節商品や新商品の紹介，商品の楽しみ方，プレゼントの紹介，新店舗の紹介，スターバックスの企業としての取り組みなどである。公式アカウントをきっかけに，フォロワーによる投稿も紹介され，スターバックス体験の世界観が感じられる場となっている。

図7―1　ツイッターの公式アカウントページ

写真提供：スターバックス コーヒー ジャパン株式会社

図7－2 インスタグラムの公式アカウントページ

Instagram　検索　ログイン　登録

starbucks_j　フォローする

投稿1280件　フォロワー256.9万人　フォロー中7人

スターバックス公式

スターバックス コーヒー ジャパン公式アカウントです。新作フラペチーノやドリンクの楽しみ方などをご紹介しています

www.starbucks.co.jp

Japan

TOKYO RO...　New Latte　Humming ...　SAKURA　チョコレー...　ほうじ茶　あずきなこ...

投稿　IGTV　タグ付けされている人

外はザクッ

生地しっとり

Oat Milk

写真提供：スターバックス コーヒー ジャパン株式会社

(2) 発見喚起までの試み―スターバックス リザーブ® ロースタリー 東京

2019年2月，スターバックスは，新しい店舗体験を実現する「スターバックス リザーブ® ロースタリー 東京」（以降，「ロースタリー 東京」と略す）を東京・中目黒に誕生させた。ロースタリー（焙煎施設を併設した店舗）としての出店は日本で唯一，世界で5番目である。ロースタリー 東京限定の商品を100種類以上提供し新しいスターバックス体験（コーヒー，ティー，バー，セミナーなど）を顧客が発見する拠点を構築した。ここでは，アパレル企業（ビームス創造研究所）とのコラボレーショングッズの企画なども進めている。

図7－3　ロースタリー 東京の1階

写真提供：スターバックス コーヒー ジャパン株式会社

1階には，生豆から一杯のコーヒーになるまでの過程を紹介するコーナーがあり，スターバックス リザーブ® のコーヒーを用いた多彩なコーヒーを提供するメインバーがある。また，手作りの本格的なイタリアンアルチザンブレッドを焼きたてで提供するコーナーもある。

2階には，日本や世界のお茶の伝統をモチーフに，鮮やかな色彩や日本独自の素材，フレーバーの組み合わせなどを駆使し，ロースタリー 東京限定のティーを提供するコーナーがある。

3階には，コーヒーやティーをベースに用いたロースタリー限定のカクテルや，ワイン，ビールなどを提供するバーがある。地元中目黒のチョコレートショップブランドのチョコレートとペアリングして味わうメニューもある。

4階には，集いの場としてラウンジがある。トークセッションやコーヒーセミナーなど人々とのつながりを持つ場として活用されている。スターバックス初のスペシャルティコーヒー協会（SCA）公認予定のトレーニング施設でもある。

1.2 サイクル連動のメカニズム

(1) サイクル連動の流れ

スターバックスの事例は，関係継続→A→発見喚起→B→願望誘発→C→発見喚起の流れで連動させている（**図7—4**）。

図7—4 スターバックスにおけるサイクル連動の流れ

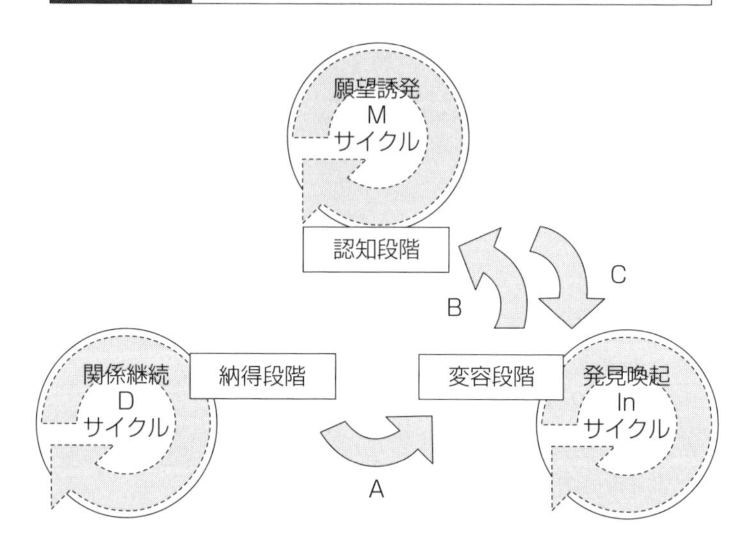

(2) 関係継続サイクル

関係継続サイクルについては第6章の***2***にて紹介した。ロイヤルティプログラム「スターバックスリワード」と事前注文・決済サービス「モバイルオーダー&ペイ」により，顧客の生活パターン・嗜好性に合わせた購買習慣プログラムの提供，購買実績に対応した特典の提供，継続的な特典提供による「続けたい」の駆動と伝播，顧客の利便性や心理に配慮した購買環境を実現し，関係継続を進めた。

(3) 関係継続サイクルから発見喚起サイクルへの連動

連動の過程を**図７―５**に示す。スターバックスリワードの会員（520万人）の約30％については，顧客を特定した（誰であるかを紐付けた）データを把握することができる（①)。モバイルオーダー＆ペイによってカスタマイズを気兼ねなく行える環境を整備し，カスタマイズに関わる情報も把握しやすくなった。それらの顧客に対し，購買履歴（場所，時間，商品，カスタマイズなど）をもとに，お勧めの商品やカスタマイズを顧客に対応したタイミングで提案するといったパーソナルな対応を行うことができる。顧客の購買習慣（好み）に合わせた提案（②）に加え，新しいカスタマイズや新しい商品を提案（③）することもできる。スターバックスでは，顧客のニーズを踏まえ，３週間～１カ月に１回は季節商品・新商品を提案しており（④)，顧客に驚き（Surprise）とワクワク（Delight）を提供することが試みられた。

関係継続サイクルにより把握した顧客のパーソナルニーズを踏まえ，新しい商品を提案し，発見喚起サイクル（新しいコーヒー体験を顧客が発見）に連動させた。

図7－5 連動の過程

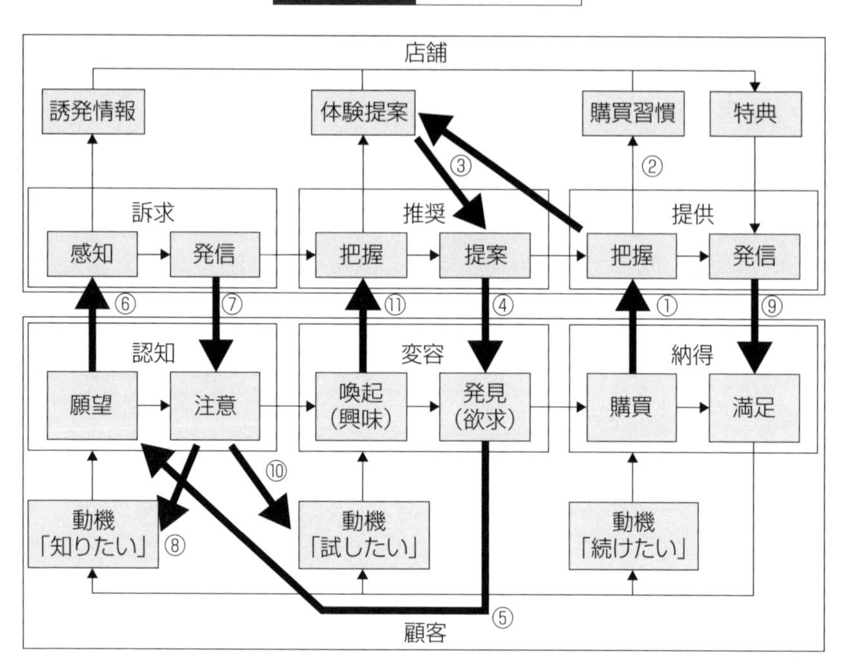

(4) 発見喚起サイクルから願望誘発サイクルへの連動

(3)で言及した新商品の提案については，スターバックスリワードの会員に先行販売を行っており（④），先行販売により商品を体験した会員はそれらの商品画像や体験（⑤）をソーシャルメディアに投稿（⑥）することが多い。それらはソーシャルメディア（ツイッター，インスタグラムなど）を通じてさまざまな人々（顧客，未顧客）に発信され（⑦），それらをきっかけにスターバックスの商品や体験を知りたいと願望する顧客が増加した（⑧）。そして，スターバックスのツイッターやインスタグラムの公式アカウントをフォローする顧客が増えた。

発見喚起サイクルにより提案した新商品関連の取り組みをきっかけに，ソーシャルメディア上でスターバックス体験の情報が拡散し，願望誘発サイクル

（スターバックスとの関わりを顧客が願望）が連動した。

(5) 願望誘発サイクル

スターバックスの公式アカウントのフォロワー数は，2019年12月時点でツイッター474万人，インスタグラム243万人であり，スターバックスは公式アカウントで(3)で言及した新商品や，スターバックスリワード会員特典の情報を提供した（⑨)。これらの情報をきっかけに，スターバックスとの関わりを持ちたいという願望が醸成され，スターバックス公式アプリをインストールしてスターバックスリワードに会員登録する顧客が増加した。

(6) 願望誘発サイクルから発見喚起サイクルへの連動

スターバックスリワードに会員登録する顧客が増加したことを背景に，コミュニティを大切にし，革新と最高品質のコーヒーを提供するというスターバックスの取り組みを進めるため，1.1の(2)で紹介したロースタリー 東京を誕生させた。スターバックスリワード会員を対象にロースタリー 東京の優先入場券（オープンから４日間の7：00am ～9：00am の限定入場）を抽選で1,200名に提供するキャンペーンを実施したところ，試したいという応募が殺到し（⑩)，２日間延長して優先入場券を発券した（⑪)。

願望誘発サイクルにより構築した店舗と顧客とのコミュニケーション基盤をもとに，新しいスターバックス体験の情報が拡散し，発見喚起サイクル（新しい店舗への興味の喚起）が連動した。

ロースタリー 東京では，1.1の(2)で紹介した新しいスターバックス体験を通じて顧客がさまざまな発見をする場を提供している。

2019年３月からは，ロースタリー 東京で焙煎したコーヒーを全国の店舗で販売している。

2 M-In-Dサイクル・マーケティング・コミュニケーションの効果

2.1 コミュニケーション投資の効果的配分

近年のメディア環境の課題として,

- 従来型マスメディアの注目度低下
- 広告コンテンツのリッチ化による高コスト化
- コミュニケーションの偏重

があることは,第1章に示したとおりである。

第4章では,メールマガジンとネットクーポンを活用した願望誘発サイクルを回すことにより,従来型マスメディアに過大投資していたコミュニケーション投資をデジタルメディアに配分し,店舗と顧客が双方向にコミュニケーションし合う仕掛けを実践した。本章の*1*では,ソーシャルメディアを活用した願望誘発サイクルを回すことにより,店舗と顧客,顧客間が双方向にコミュニケーションし合う仕掛けを実践した。

また,第5章では,フットケアの体験サービスにもとづく発見喚起サイクルを回すことにより,顧客が実店舗(リアルメディア)に足を運ぶ仕掛けを実践した。

(1) 低コストメディアの活用による特典の充実

報告事例は,店舗と顧客とのコミュニケーションを低コストメディアであるメールやソーシャルメディアにより行い,メディアにかかるコストを画期的に低減した。そして,低減したコストを顧客に提供する特典の原資に振り替えることにより,従来に比較して魅力的な特典を提供することに成功した。

⑵　双方向コミュニケーションの促進による顧客の注意促進

特典の提供は，顧客が購買を行った時のみならず，顧客自らが店舗・商品・特典に関する情報を取りにきた（メディアに接触した）時にも行われるようにした。このようなインセンティブにより，店舗と顧客との双方向コミュニケーションを促進し，店舗・商品・特典に関する情報に対する顧客の注意力を圧倒的に高めることに成功した。

⑶　実店舗への来店の促進

体験サービスは，実店舗（リアルメディア）における店舗と顧客とのコミュニケーションであり，魅力的な体験サービスにより，顧客の来店を促進することに成功した。

2.2　メディアの組み合わせによる効果的提案

近年のニーズ環境の課題として，

- 価格訴求の効果低下
- 品質訴求の困難
- 顧客個人のニーズに対応した提案力の低下

があることは，第1章に示したとおりである。

第5章では，フットケアの体験サービスにもとづく発見喚起サイクルを回すことにより，従来，顧客が知りえなかったパーソナルニーズを発見し，価格訴求に陥らないサービスの提案を実践した。

また，第4章では，認知段階からメールマガジンの情報サービスにもとづく願望誘発サイクルを回すことにより，直接，顧客の願望領域を把握し，変化しやすい顧客のニーズに対応した商品の提案を実践した。

⑴　古くて新しいリアルメディアの活用による気づき

報告事例は，体験サービスを実店舗（リアルメディア）で行い，足の重心バランスをもとにしてそれに合った靴を実際に履いてみるといった触覚を刺激した提案を行った。このような，触覚と関連させた提案は顧客の脳を刺激し，従来に比較して印象的で記憶に残るサービスを提供することに成功した。

(2) 新しいデジタルメディアの活用による気づき

体験サービスは，専門的知識を基盤として顧客が普段知りえない足バランス状態を把握し，それに対応するフットケア商品の販売を促進するサービスとした。このような専門的知識を実装したデジタル機器の開発により，従来，専門家によって行われていたサービスを幅広く提供することに成功した。

(3) きめ細やかな顧客特性の把握による提案力の向上

電子メールやスマートフォンアプリは，顧客個人を認識できるメディアであり，

- 店舗に対する集客段階（認知，変容，納得）
- さまざまな商品に対する集客段階（認知，変容，納得）
- さまざまな商品に対する感度領域（新規性，品質，価格，タイミング）
- 特典に対する感度領域（新規性，品質，価格，タイミング）

などをきめ細やかに把握することができる。店舗と顧客との双方向コミュニケーションにもとづき，変化し続ける顧客に的確に対応し，商品開発，コミュニケーション開発などの提案力を高めた。

2.3 店舗と顧客との持続可能な関係

近年の競合環境の課題として，

- 囲い込みの困難
- 優良顧客への対応の困難

があることは，第１章に示したとおりである。

第６章では，ロイヤルティプログラムと予約サービス，利用感謝・商品値引

クーポンと購買権利クーポンの特典サービスにもとづく関係継続サイクルを回すことにより，顧客が店舗との関係を継続することを習慣化し，他店舗になびかない特典サービスの提案を実践した。

⑴　関係を深める顧客の維持と拡大

報告事例は，店舗が競合店舗との差別化が図れる購買習慣プログラムのメニューを用意し，それに対して関係を深めようとする顧客を対象に，手厚い特典サービスを行った。これは，店舗の強みを活かすということと，顧客に大きなメリットをもたらすということを両立させ，持続可能な特典サービスを提供することに成功した。このような特典サービスにより，既存の顧客との関係を維持するとともに，魅力的な特典サービスに注目する顧客が増加し，顧客の裾野を拡大することに成功した。

⑵　顧客の購買の習慣化

購買習慣プログラムは，顧客が店舗で購買した場合，まずは達成容易なレベルで特典を提供して，それを続けてゆくと大きな特典を提供するものとし，顧客が複数のプログラムから自己の生活パターンに合わせて選択できるようにした。このような購買習慣プログラムにより，顧客の生活パターンに合わせた購買の習慣化が定着し，顧客の店舗に対する依存度を高めた。

《参考文献》

スターバックス コーヒー ジャパン 株式会社ホームページ
https://www.starbucks.co.jp/

おわりに

本書が提案したこと

本書では，インターネットを中心とするデジタルメディアを活用したマーケティング・コミュニケーションを事例として，その成功要因についてM-In-Dサイクル・マーケティング・コミュニケーション・モデルをもとに解説を試みた。

本書が提案したM-In-Dサイクル・マーケティング・コミュニケーション・モデルは，コミュニケーションを構成する要素（一部分）だけを見れば，特に新しさを持っているとは認識しづらいと思われる。「そのようなことはどの店舗でもやっている。」といった意見が聞こえてきそうである。

このモデルの本質は，一つひとつの要素方策を組み合わせ，サイクルとして回すことにある。

① サイクルとして回すためには，持続可能でなくてはいけない。

従来のマーケティング・コミュニケーションは，近視眼的で短期的に目立つことを目指し，やりっぱなしの方策が多い。M-In-Dサイクルは，従来，過大にメディアにかけていたコストを顧客の動機を醸成・駆動するための特典に振り替える。そして，店舗と顧客の双方がWin-Winとなる関係を構築することにより，持続可能なマーケティング・コミュニケーションを実現する。

② サイクルとして回すことにより，店舗と顧客の距離が近くなる。

従来のマーケティング・コミュニケーションは，購買段階（納得段階）になってから顧客個人を意識したコミュニケーションを行う場合が多い。M-In-Dサイクルは，認知段階，変容段階および納得段階を通じ，一貫して顧客個人との関係を持つのであり，「顧客自らがメディアに接触して情報を取りにくる。」「顧客自らが来店し店舗で体験する。」「顧客が店舗で商品を購買し続ける。」というコミュニケーションを駆動することにより，顧客をパーソナルレベルで精緻に把握する。店舗はそれを踏まえ効果的に提案を行うことにより，店舗と顧客の距離を近くし，密接なマーケティング・コミュニケーションを実現する。

集客サービスの革新は「持続可能」と「顧客発信」から

本書では，集客サービスとして，メールマガジン，ネットクーポン，フットケアサービス，ロイヤルティプログラムと予約サービス，利用感謝・商品値引クーポン，購買権利クーポンなどのシステムの事例を紹介したが，デジタル技術やインターネット技術の革新により，今後さまざまなサービスが出現する。

そのようなサービスを適用するに際し重要なことは，「持続可能」と「顧客発信」という視点を大切にすることであろう。

新しい技術が出現すると，どうしても技術ありきとなり，先行投資をするものの，長期的には続かないサービスを構築してしまう。例えば，顧客の特性を把握するために膨大なデータベースシステムや高度な分析アルゴリズムを構築するものの，顧客の変化についてゆけないばかりか，維持管理に高いコストを費やすシステムになってしまったりする。CRM は「顧客中心」を理念として提唱され，さまざまな店舗で実践が試みられているが，具体的に実践してみると「コストが膨らみ」長期的には立ち行かなくなるものが多い。

メディアやシステムそのものにはあまりコストをかけず「持続可能」なものを目指す必要がある。そして，膨大なデータベースシステムや高度な分析アルゴリズムを構築するのではなく，「顧客発信」を基盤として，直接，顧客とコミュニケーションを行うことにより，顧客の特性を精緻に把握し，効果的に店舗がサービスを提案できる仕掛けを構築する必要がある。

本書が紹介した M-In-D サイクル・マーケティング・コミュニケーションの方法と事例は，このような「持続可能」と「顧客発信」を実現したものであり，今後，新しいサービスを適用する際の参考にしていただければ幸いである。

本書のモデル・方法の汎用性

本書は，紹介する事例の関係から，小売業における店舗と顧客とのコミュニケーションについて考察したが，本書が提案したモデルやマーケティング・コミュニケーションの方法は，その他の業種やビジネスに幅広く適用できるものである。

今後は，さまざまな業種を対象としたモデルの拡張を行うことを考えている。本書をきっかけに消費現象やマーケティング・コミュニケーションのモデル化研究が今後盛んになれば幸いである。

「集客の教科書」

本書は，集客の方法について基礎から学ぶといったたぐいの教科書ではない。むしろ，マスメディアを活用した伝統的な集客（マーケティング・コミュニケーション）の方法を否定することから始まった異説書あるいは外伝といえるだろう。しかし，インターネットを中心とするデジタルメディアを活用したマーケティング・コミュニケーションが次々と成果をあげてきている現在，本書で提案した集客の方法が，近い将来，集客の本流となることも考えられる。

そのような時代がくれば，本当の意味で本書は「集客の教科書」となるだろう。そして，そうなることを筆者たちは願っている。

2021年１月

川村　洋次

潮地　良明

索　引

《著者紹介》

川 村 洋 次（かわむら　ようじ）

1983年東京工業大学理学部卒業。日本電気株式会社を経て，1998年まで株式会社三菱総合研究所に勤務。1999年東京大学大学院総合文化研究科博士後期課程単位取得退学。大阪経済法科大学経済学部助教授を経て，現在，近畿大学経営学部教授。

主な著書：『情報管理入門―方法と実践』（中央経済社，2006年）
『情報物語論―人工知能・認知・社会過程と物語生成』（白桃書房，2018年）

潮 地 良 明（しおち　よしあき）

1986年東京電機大学工学部卒業。同年パナファコム株式会社（現在の株式会社 PFU）に入社。以降，システムエンジニアとして販売管理，販促管理システムの企画，開発に携わる。現在は，YKK AP 株式会社にて，住宅の IoT に関わる商品およびサービスの開発，推進に取り組んでいる。

集客の教科書〈**第３版**〉

M-In-Dサイクル・マーケティングのすすめ

2012年３月10日　第１版第１刷発行
2014年９月１日　第１版第３刷発行
2015年２月10日　第２版第１刷発行
2020年６月25日　第２版第４刷発行
2021年３月１日　第３版第１刷発行
2024年９月30日　第３版第３刷発行

著　者　川　村　洋　次
　　　　潮　地　良　明
発行者　山　本　　　継
発行所　㈱　中　央　経　済　社
発売元　㈱中央経済グループ
　　　　パブリッシング

〒101-0051　東京都千代田区神田神保町1-35
電　話　03（3293）3371（編集代表）
03（3293）3381（営業代表）
https://www.chuokeizai.co.jp
印　刷／文唱堂印刷㈱
製　本／㈲井上製本所

ISBN978-4-502-37471-5　C3034